10e Livraison

BIBLIOTHÈQUE
DE LA FAMILLE

POUR LA MORALISER, L'INSTRUIRE
LA RÉCRÉER

SOUS LA DIRECTION DE

l'abbé ORSE

M. l'Abbé ORSE, Directeur de la Bibliothèque de la Famille, a reçu de Rome la lettre suivante :

En envoyant au Souverain Pontife Pie IX vos lettres qui respirent la piété filiale et le dévouement envers Sa Sainteté, vous lui avez offert plusieurs volumes de la *Bibliothèque de la Famille.* Le Saint-Père a reconnu le zèle actif que vous apportez à la publication des bons livres principalement destinés à la Jeunesse chrétienne, zèle approuvé comme il convient par l'autorité ecclésiastique. Mais Sa Sainteté, absorbée sans relâche par les affaires, n'a pas encore pu en prendre connaissance. Cependant le Saint-Père m'a ordonné de vous répondre et de vous remercier de l'hommage que vous lui avez fait de ces mêmes livres. Plein de bienveillance pour vous, le Souverain Pontife joint à ses remercîments la bénédiction apostolique, qu'il vous accorde avec toute l'effusion de son cœur paternel, comme gage de bonheur spirituel et temporel.

En accomplissant les ordres de Sa Sainteté, je saisis avec plaisir cette occasion de vous exprimer mon respect, et je prie instamment le Seigneur de vous accorder toute sorte de prospérités.

Votre très-humble, etc.

Signé : DOMINIQUE FIORAMONTI,
Secrétaire de Notre Saint-Père, pour les lettres latines.
Donné à Rome le 4 Novembre 1857.

PARIS. — IMP. JULES LE CLERE ET Cᵉ, RUE CASSETTE, 29.

MASSACRES

DES

PRISONNIERS DE L'ABBAYE

EN 1792

RACONTÉS PAR DES TÉMOINS OCULAIRES

MÉMOIRES RECUEILLIS ET AUGMENTÉS D'UNE PRÉFACE

PAR M. L'ABBÉ ORSE

Membre de l'Institut historique.

PARIS

LIBRAIRIE ADRIEN LE CLERE

HENRI LE CLERE, REICHEL ET Cᵉ, SUCCˢ

ÉDITEURS DE N. S. PÈRE LE PAPE ET DE L'ARCHEVÊCHÉ DE PARIS

Rue Cassette, 29, près Saint-Sulpice.

INTRODUCTION

Pourquoi, dira-t-on peut-être, rappeler le souvenir des plus tristes pages de notre histoire? Ne faudrait-il pas laisser dans l'oubli ces feuilles ensanglantées de nos annales? N'est-ce pas assez que l'univers entier les ait parcourues une fois en frémissant d'horreur?

Non, répondrai-je hardiment : il ne faut pas que les leçons de l'histoire soient perdues pour les générations futures. De même qu'on indique sur les cartes les écueils contre lesquels se sont brisés les navigateurs imprudents, ainsi faut-il désigner dans l'histoire ces gouffres affreux qui ont dévoré tant de victimes.

Les doctrines et les passions qui ont amené les sanglantes journées de septembre sont comprimées, il est vrai, mais ne sont pas éteintes. Il n'est donc pas inutile de faire connaître les fruits amers qu'elles ont produits. *C'est aux fruits qu'on connaît l'arbre,* a dit la Vérité infaillible. Montrons donc à la jeune génération ce qu'ont enfanté l'impiété et le sensualisme du siècle dernier; disons-lui que les mêmes causes amènent les mêmes résultats, car le premier moyen d'éviter un danger, c'est de le connaître.

Il y eut trois sortes de coupables de ces crimes affreux : ceux qui les ordonnèrent, ceux qui les commirent et ceux qui n'osèrent les empêcher. Parmi les premiers se trouvaient des philosophes, des orateurs, des philanthropes; les seconds étaient des brutes à forme humaine, des cannibales, comme on en voit encore parmi les sauvages de l'Océanie; les derniers étaient de lâches égoïstes, n'usant des pouvoirs dont ils étaient investis que pour sauver leur personne sans se mettre en peine du salut de leurs concitoyens. Lorsqu'on leur annonce qu'un ouvrier a sauvé la vie de l'abbé Sicard, ils déclarent qu'il a bien mérité de la patrie... Et eux ne se lèvent pas en masse pour aller arrêter l'effusion du sang! ce qu'ils auraient pu faire sans danger, puisqu'un membre de l'Assemblée assura que la seule vue de son ruban avait suffi pour arrêter le bras des égorgeurs.

Quelle affreuse société que celle de la fin du

XVIIIe siècle! Les assassinats se commettent à la face du soleil, *au nom de la nation;* ils sont soldés avec les deniers publics, les juges s'emparent des dépouilles de leurs malheureuses victimes, et ce n'est qu'à force d'audace ou d'argent que quelques *suspects* obtiennent leur liberté et rachètent leur vie. Voilà le fruit de cette masse de livres impies que la secte des prétendus philosophes avait vomis pendant plus de vingt années! Voilà le résultat de cette guerre déclarée à l'*infâme*, c'est-à-dire à la sainte religion de Jésus-Christ! On avait exalté la raison, on avait proclamé la liberté; l'on supposait d'abord que les prêtres et les nobles souffriraient seuls de la révolution qui se préparait, et la bourgeoisie s'en consolait facilement dans l'espoir d'augmenter son influence et d'arriver au pouvoir. Mais qu'arriva-t-il?... La révolution ne se contenta pas de dévorer la royauté, de déchirer le clergé, la noblesse, elle décima la bourgeoisie et ruina le peuple. Ses partisans eux-mêmes ne furent pas à l'abri de ses fureurs. Ceux qui avaient ordonné, ceux qui avaient commis ou laissé commettre les assassinats furent assassinés à leur tour. Royalistes, républicains modérés ou exaltés, tous fournirent leur contingent de victimes à ces hécatombes révolutionnaires; les impies ne furent pas plus épargnés que les hommes vertueux, et le sang du pauvre coula autant que celui du riche.

Ce n'est pas seulement Paris, c'est la France entière qui a été couverte de sang et de deuil dans ces jours néfastes de la *Terreur*. C'était cependant le siècle de la *philosophie*, des *lumières*, de la *raison*, de la *liberté*, de la *civilisation*. C'est que toutes ces choses sont impuissantes contre les mauvaises passions de l'homme : la religion seule est capable de les contenir et de les réprimer ; la religion seule peut rendre la société possible, et la religion avait été battue en brèche par une quantité effrayante de mauvais livres. Voilà la véritable cause des crimes sans nombre qui ont été commis pendant la Révolution. Parmi les hommes qui trempèrent leurs mains dans le sang de leurs frères, il y avait des philosophes, des hommes éclairés, des adorateurs de la raison, des partisans de la liberté, mais assurément il n'y en avait pas un seul qui fût religieux. Les vrais chrétiens seront presque toujours victimes, jamais ils ne seront bourreaux.

Les affreux détails qu'on trouvera dans ce volume sont revêtus du plus haut caractère d'authenticité possible. Ils sont racontés par des témoins oculaires, d'opinions diverses : l'un est royaliste, l'autre est républicain ; ici c'est une femme qui parle, là c'est un prêtre. Ils ont écrit leurs relations immédiatement après les événements, et ceux qui étaient intéressés à les contredire ne l'ont pas fait. J'ai été forcé, par la décence, à supprimer quelques détails, encore plus affreux que ceux qu'on va lire, car la luxure est presque toujours la compagne de la cruauté.

Le 28 août 1792, l'Assemblée nationale avait accordé à Danton l'énorme pouvoir de faire arrêter (les barrières de Paris étant fermées) tous les hommes *suspects*. Le lendemain, le tambour annonce les visites domiciliaires, et chacun est tenu de rentrer chez soi. Sous le prétexte de saisir les armes, on remplit les prisons de quinze à vingt mille citoyens, dont près d'un dixième étaient des prêtres insermentés. Le 2 septembre, on annonce la prise de Verdun par les Prussiens. Aussitôt Danton et la commune font sonner le tocsin, battre la générale et tirer le canon d'alarme. Il est arrêté que tous les citoyens disponibles se rendront en armes au Champ-de-Mars, et qu'ils seront immédiatement dirigés sur Verdun. Danton se présente à l'Assemblée. « Le canon que vous entendez, dit-il, n'est point le canon d'alarme ; c'est le pas de charge sur nos ennemis. Pour les vaincre, pour les atterer, que faut-il ? De l'audace, encore de l'audace, et toujours de l'audace. » Pendant ce temps de trouble général, l'ordre avait été donné et la commune avait saisi cette circonstance pour mettre à exécution l'affreux projet de Danton. Alors, dit un écrivain, une horde d'assassins, au nombre de trois cents, dirigée par Maillard, le même que l'on avait vu au 5 octobre conduire les femmes à Versailles, se porte aux prisons, et dès cet instant commence une affreuse boucherie. Les prêtres, rassemblés ou plutôt parqués aux Carmes, sont égorgés en foule; à l'Abbaye, à la Force, au Châtelet, les meurtriers s'érigent en un simulacre de tribunal, qui interroge, condamne, et livre les prisonniers à la mort. Aborderons-nous les détails de ces sanglantes exécutions? Dirons-nous les raffinements horribles, les attentats monstrueux à la pudeur, à l'humanité? Ici, des cannibales forcent une jeune fille à boire un verre de sang pour racheter les jours de son père; c'était la fille de Sombreuil, gouverneur des Invalides; là, la princesse de Lamballe, connue par ses vertus aimables, est assassinée : on dépèce son corps par morceaux, on profane chacun de ses lambeaux dégouttants, et sa tête, élevée sur une pique, est présentée à la reine; des flots de vin se mêlent aux flots de sang, et les bourreaux s'enivrent sur des cadavres. Aucune prison ne fut épargnée; l'âge et le sexe n'obtinrent aucune grâce; les massacres durèrent quatre jours, et furent imités dans quelques villes de France. La Commune se défendait du crime qu'elle nommait *vengeance du peuple;* et cependant, lorsque les égorgeurs eurent achevé de *travailler*, elle leur paya leur salaire. Deux municipaux, en écharpe, assistèrent aux sanglantes exécutions. Le municipal Billaud de Varennes approuva hautement les assassinats; enfin le comité de surveillance en recommanda l'imitation dans une circulaire apologétique, dont l'histoire s'est emparée, et qui flétrit la mémoire de ses auteurs : *Elle était signée :* Panis, Duplain, Sergent, Lenfant, Marat, Lefort et Jourdeuil *. Les habitants de Paris, pétrifiés de terreur et d'effroi, n'osèrent s'opposer à ces horribles désordres. Le nombre des victimes est évalué à douze mille.

Les auteurs de ces crimes trouvèrent des hommes aussi cruels qu'eux qui devaient les punir, et le temps n'était pas loin où les instigateurs des massacres devaient périr sur l'échafaud, comme modérés. C'est ainsi que la Providence permet que le crime soit son propre bourreau.

* *Voici un fragment de cette circulaire :.....* « Prévenue que des hordes barbares s'avançaient contre elle, la Commune de Paris se hâte d'*informer* ses frères de tous les départements qu'une partie des conspirateurs féroces détenus dans les prisons, a été mise à mort par le peuple, actes de justice qui lui ont paru indispensables pour retenir par la terreur les légions de traîtres renfermés dans ses murs, au moment où il allait marcher à l'ennemi ; et sans doute la nation, après la longue suite de trahisons qui l'a conduite sur les bords de l'abîme, s'empressera d'adopter ce moyen si utile et si nécessaire ; et tous les Français se diront comme les Parisiens : Nous marchons à l'ennemi, et nous ne laissons pas derrière nous des brigands pour égorger nos femmes et nos enfants. »

Quelques jours après, cinquante-sept prisonniers, détenus à Orléans, et qu'on conduisait à Paris, pour être jugés par la haute cour nationale, furent massacrés, à leur passage à Versailles, ainsi que vingt et une autres personnes détenues dans les prisons de cette ville ; parmi elles se trouvaient le duc de Brissac et les anciens ministres Delessart et Dabancourt. Les auteurs de ces assassinats étaient les mêmes que ceux des massacres de Paris. Ce n'est là qu'une faible partie des tristes effets que produisirent les prédications impies et anarchiques des apôtres de la Raison, des Droits de l'homme et de la liberté. L'histoire n'a pu conserver qu'un aperçu de toutes les horreurs qui ensanglantèrent la France entière, mais c'est assez pour nous faire comprendre combien il importe d'arrêter le mal dans son principe, et de ne pas laisser propager librement des doctrines qui amènent de si épouvantables résultats.

MASSACRES

DES

PRISONNIERS DE L'ABBAYE

(1792)

MÉMOIRE D'UN CAPITAINE

Le comité de surveillance de la commune me fit arrêter le 22 août 1792; je fus amené à la mairie, à neuf heures du matin, où je restai jusqu'à onze heures du soir. Deux messieurs, sans doute membres de ce comité, me firent entrer dans une salle; un d'eux, accablé de fatigue, s'endormit. Celui qui ne dormait pas me demanda si j'étais M. Journiac-Saint-Méard, ci-devant capitaine-commandant des chasseurs du régiment d'infanterie du roi. Je répondis oui. Alors il me fit divers interrogatoires. Il s'absenta ensuite pour aller rendre compte de mes réponses au comité assemblé. Un moment après, trois soldats me firent signe de les suivre. Quand nous fûmes dans la cour, ils m'invitèrent à monter avec eux dans un fiacre, qui partit, après avoir reçu l'ordre de nous mener à « l'hôtel du faubourg Saint-Germain. »

Arrivé à l'hôtel indiqué par mes compagnons de voyage, qui se trouva être la prison de l'Abbaye, ils me présentèrent avec mon billet de logement au concierge, qui, après m'avoir dit la phrase d'usage : — Il faut espérer que cela ne sera pas long, — me fit placer dans une grande salle qui servait de chapelle aux prisonniers de l'ancien régime. J'y comptai dix-neuf personnes couchées sur des lits de sangle : on me donna celui de M. Dangremont, à qui on avait coupé la tête deux jours auparavant.

Le même jour, et dans le moment que nous allions nous mettre à table, M. Chantereine, colonel de la maison constitutionnelle du roi, se donna trois coups de couteau, après avoir dit : « Nous sommes tous destinés à être massacrés... Mon Dieu, je vais à vous ! »

Le 23, je composai un mémoire, dans lequel je démasquai la turpitude de mes dénonciateurs ; j'en envoyai des copies au ministre de la justice, à ma section, au comité de surveillance, et à tous ceux que je savais prendre intérêt à l'injustice que j'éprouvais.

Vers cinq heures du soir, on nous donna pour compagnon d'infortune M. Durosoi, rédacteur de la *Gazette de Paris*. Aussitôt qu'il m'entendit nommer, il me dit, après les compliments d'usage : — « Ah ! monsieur, que je suis heureux de vous trouver. Je vous aime depuis longtemps, et je ne vous connais cependant que par l'affaire de Nancy. Permettez à un malheureux, dont la dernière heure avance, d'épancher son cœur dans le vôtre. » — Je l'embrassai. Il me fit ensuite lire une lettre qu'il venait de recevoir, et par laquelle on lui mandait : — « Mon ami, préparez-vous à la mort ; vous êtes condamné, et demain... Je m'arrache l'âme ; mais vous savez ce que je vous ai promis. Adieu. »

Pendant la lecture de cette lettre, je vis couler des larmes de ses yeux, il la baisa plusieurs fois, ensuite il se coucha sur mon lit, et, dégoûtés de parler des moyens qu'on avait employés pour nous accuser et pour nous arrêter, nous nous endormîmes. Dès la pointe du jour il composa un mémoire pour sa justification, qui, quoique écrit avec énergie, et fort de choses, ne produisit aucun effet favorable, car il eut la tête tranchée le lendemain à la guillotine.

Le 25, les commissaires de la prison nous permirent enfin de nous procurer le journal du soir.

On avait placé dans la sacristie de la chapelle qui nous servait de prison un capitaine du régiment des gardes-suisses, nommé Reding, qui, lors de l'affaire du 10 août, reçut un coup de feu, dont il eut le bras cassé : il avait en outre quatre coups de sabre sur la tête. Quelques citoyens le sauvèrent et le portèrent dans un hôtel garni, d'où on fut l'arracher pour le constituer prisonnier à l'Abbaye.

Le 26, à minuit, un officier municipal entra dans notre chambre pour inscrire nos noms et le jour que nous avions été arrêtés. Il nous fit espérer que la municipalité enverrait le lendemain des commissaires pour faire sortir ceux contre lesquels il n'y avait que des dénonciations vagues. Cette annonce me fit passer une bonne nuit, mais elle ne se réalisa pas ; au contraire, le nombre des prisonniers ne fit qu'augmenter.

Le 27, nous entendîmes le bruit d'un coup de pistolet qu'on tira dans l'intérieur de la prison ; aussitôt on court précipitamment dans les escaliers et les corridors ; on ouvre et on ferme avec vivacité des serrures et des verrous ; on entre dans notre chambre, où un de nos guichetiers, après nous avoir comptés, nous dit d'être tranquilles, que le danger était passé. Voilà tout ce qu'a voulu nous dire sur cet événement le brusque et taciturne personnage.

Le 28 et le 29, nous ne fûmes distraits que par l'arrivée des voitures qui amenaient à chaque instant des prisonniers. Nous pouvions les voir d'une tourelle qui communiquait dans notre chambre, et dont les fenêtres donnaient sur la rue Sainte-Marguerite. Nous avons payé bien cruellement, par la suite, le plaisir que nous avions d'entendre et d'apercevoir ce qui se passait dans la rue, et surtout vis-à-vis le guichet de notre prison.

Le 30, à onze heures du soir, on fit coucher dans notre chambre un homme âgé d'environ quatre-vingts ans. Nous apprîmes le lendemain que c'était le sieur Cazotte, auteur de plusieurs ouvrages. La gaîté un peu folle de ce vieillard, sa façon de parler orientale, fit diversion à notre ennui : il cherchait très-sérieusement à nous persuader par l'histoire de Caïn et d'Abel, que nous étions plus heureux que ceux qui jouissaient de la liberté. Il paraissait très-fâché que nous eussions l'air de n'en rien croire ; il voulait absolument nous faire convenir que notre situation n'était qu'une émanation de l'Apocalypse, etc., etc. Je le piquai au vif en lui disant que, dans notre position, on était beaucoup plus heureux de croire à la prédestination qu'à tout ce qu'il disait. Deux gendarmes, qui vinrent le chercher pour le conduire au tribunal criminel, terminèrent notre discussion.

Je ne perdais pas un instant pour me procurer les attestations qui pouvaient me servir à prouver les vérités que j'avançais dans mon mémoire. J'étais aidé par un ami, mais par un ami comme il n'y en a plus, qui, pendant que mes compagnons d'infortune étaient abandonnés des leurs, travaillait jour et nuit pour me rendre service. Il oubliait que, dans un moment de fermentation et de méfiance, il pouvait courir les mêmes risques que moi ; qu'il se rendait suspect en s'intéressant à un prisonnier suspecté : rien ne le retenait, et il m'a bien prouvé la vérité de ce proverbe : « L'adversité est la pierre de touche des amis. » C'est, en grande partie, à ses soins et à son zèle que je suis redevable de la vie. Je dois au public, à moi-même et à la vérité, de nommer ce brave homme : c'est M. Teyssier, négociant, rue Croix-des-Petits-Champs.

Le 1er septembre, on fit sortir de prison trois de nos camarades, qui furent bien moins étonnés de leur délivrance qu'ils ne l'avaient été de leur arrestation, car ils étaient les plus zélés patriotes de leurs sections. On en fit sortir quelques autres des chambres voisines, notamment M. de Jaucourt, membre de l'assemblée législative, qui, quelque temps avant, avait donné sa démission de député.

Le dimanche 2 septembre, notre guichetier servit notre dîner plutôt que de coutume ; son air effaré, ses yeux hagards nous firent présager quelque chose de sinistre. A deux heures il rentra ; nous l'entourâmes ; il fut sourd à toutes nos questions ; et après qu'il eut, contre son ordinaire, ramassé tous les couteaux que nous avions soin de placer dans nos serviettes, il se retira brusquement.

A deux heures et demie, le bruit effroyable que

faisait le peuple fut épouvantablement augmenté par celui des tambours qui battaient la générale, par les trois coups de canon d'alarme, et par le tocsin qu'on sonnait de toutes parts.

Dans ces moments d'effroi, nous vîmes passer trois voitures escortées par une foule innombrable de femmes et d'hommes furieux qui criaient : « A la Force, à la Force. * » On les conduisit au cloître de l'Abbaye, dont on avait fait des prisons pour les prêtres. Un instant après nous entendîmes dire qu'on venait de massacrer tous les évêques et autres ecclésiastiques qui, dit-on, avaient été parqués dans cet endroit.

Vers quatre heures, les cris déchirants d'un homme que l'on hachait à coups de sabre nous attirèrent à la fenêtre de la tourelle, et nous vîmes vis-à-vis le guichet de notre prison le corps d'un homme étendu mort sur le pavé ; un instant après on en massacra un autre... Ainsi de suite.

Il est de toute impossibilité d'exprimer l'horreur du profond et sombre silence qui régnait pendant ces exécutions ; il n'était interrompu que par les cris de ceux qu'on immolait, et par les coups de sabre qu'on leur donnait sur la tête. Aussitôt qu'ils étaient terrassés, il s'élevait un murmure renforcé

* Nous ne savions pas encore que ces mots : « A la Force, » étaient l'avertissement qu'on donnait quand on envoyait des victimes à la mort.

par des cris de *Vive la nation*, mille fois plus effrayants pour nous que l'horreur du silence.

Dans l'intervalle d'un massacre à l'autre, nous entendions dire sous nos fenêtres : « Il ne faut pas qu'il en échappe un seul ; il faut les tuer tous, et surtout ceux qui sont dans la chapelle, où il n'y a que des conspirateurs. » C'était de nous dont on parlait ; et je crois qu'il est inutile d'affirmer que nous avons désiré bien des fois le bonheur de ceux qui étaient renfermés dans les plus sombres cachots.

Tous les genres d'inquiétude les plus effrayants nous tourmentaient et nous arrachaient à nos lugubres réflexions : un moment de silence dans la rue était interrompu par le bruit qui se faisait dans l'intérieur de la prison.

A cinq heures, plusieurs voix appelèrent fortement M. Cazotte. Un instant après nous entendîmes passer sur les escaliers une foule de personnes qui parlaient fort haut, des cliquetis d'armes, des cris d'hommes et de femmes. C'était ce vieillard, suivi de sa fille, qu'on entraînait. Lorsqu'il fut hors du guichet, cette courageuse fille se précipita au cou de son père. Le peuple, touché de ce spectacle, demanda sa grâce et l'obtint. Mais, quelques jours après, il périt sur l'échafaud.

Vers sept heures, nous vîmes entrer deux hommes dont les mains ensanglantées étaient armées de sabres. Ils étaient conduits par un guichetier qui portait une torche, et qui leur indiqua le lit de l'infortuné Reding. Dans ce moment affreux, je lui serrais la main, et je cherchais à le rassurer. Un de ces hommes fit un mouvement pour l'enlever, mais ce malheureux l'arrêta en lui disant d'une voix mourante : « Eh! monsieur, j'ai assez souffert; je ne crains pas la mort : par grâce, donnez-la moi ici. » Ces paroles le rendirent immobile; mais son camarade, en le regardant et en lui disant : « Allons donc, » le décida. Il l'enleva, le mit sur ses épaules, et fut le porter dans la rue, où il reçut la mort.... J'ai les yeux si pleins de larmes que je ne vois plus ce que j'écris.

Nous nous regardions sans proférer une parole; nous nous serrions les mains; nous nous embrassions.... Immobiles, dans un morne silence, et les yeux fixés, nous regardions le pavé de notre prison que la lune éclairait dans l'intervalle de l'ombre formée par les triples barreaux de nos fenêtres... Mais bientôt les cris des nouvelles victimes nous redonnaient notre première agitation, et nous rappelaient les dernières paroles que prononça M. Chantereine en se plongeant un couteau dans le cœur : « Nous sommes tous destinés à être massacrés. »

A minuit, dix hommes, le sabre à la main, précédés par deux guichetiers qui portaient des torches, entrèrent dans notre prison et nous ordonnèrent de nous mettre chacun au pied de nos lits. Après qu'ils nous eurent comptés, ils nous dirent que nous répondions les uns des autres, et jurèrent que, s'il s'en échappait un seul, nous serions tous massacrés sans être entendus par M. le président. Ces derniers mots nous donnèrent une lueur d'espoir, car nous ne savions pas encore si nous serions entendus avant d'être tués.

Le lundi 3, à deux heures du matin, en enfonça, à coups redoublés, une des portes de la prison. Nous pensâmes d'abord que c'était celle du guichet qu'on enfonçait pour venir nous massacrer dans nos chambres; mais nous fûmes un peu rassurés quand nous entendîmes dire sur l'escalier que c'était celle d'un cachot où quelques prisonniers s'étaient barricadés. Peu de temps après, nous apprîmes qu'on avait égorgé tous ceux qu'on y avait trouvés.

A dix heures, l'abbé Lenfant, confesseur du roi, et l'abbé de Chapt-Rastignac, parurent dans la tribune de la chapelle qui nous servait de prison, et dans laquelle ils étaient entrés par une porte qui donnait sur l'escalier. Ils nous annoncèrent que notre dernière heure approchait, et nous invitèrent de nous recueillir pour recevoir leurs bénédictions. Un mouvement électrique, qu'on ne peut définir nous précipita tous à genoux, et, les mains jointes, nous la reçûmes. Ce moment, quoique consolant, fut un des plus cruels que nous ayons éprouvés. A la veille de paraître devant l'Être suprême, agenouillés devant deux de ses ministres, nous présentions un spectacle indéfinissable. L'âge de ces deux vieillards, leur position au-dessus de nous, la mort planant sur nos têtes et nous environnant de toutes parts, tout répandait sur cette cérémonie une teinte auguste et lugubre; elle nous rapprochait de la divinité; elle nous rendait le courage; tout raisonnement était suspendu, et le plus froid et le plus incrédule en reçut autant d'impression que le plus ardent et le plus sensible... Une demi-heure après, ces deux prêtres furent massacrés, et nous entendîmes leurs cris....

Quel est l'homme qui lira les détails suivants sans que ses yeux se remplissent de larmes? Quel est celui dont les cheveux ne se dresseront pas d'horreur?

Notre occupation la plus importante était de savoir quelle serait la position que nous devions prendre pour recevoir la mort le moins douloureusement quand nous entrerions dans le lieu du massacre. Nous envoyions de temps à autre quelques-uns de nos camarades à la fenêtre de la tourelle pour nous instruire de celle que prenaient les malheureux qu'on immolait, et pour calculer, d'après leur rapport, celle que nous ferions bien de prendre. Ils nous rapportaient que ceux qui étendaient leurs mains souffraient beaucoup plus longtemps, parce que les coups de sabre étaient amortis avant de porter sur la tête ; qu'il y en avait même dont les mains et les bras tombaient avant le corps, et que ceux qui les plaçaient derrière le dos devaient souffrir beaucoup moins.... Eh bien, c'était sur ces horribles détails que nous délibérions.... Nous calculions les avantages de cette dernière position, et nous nous conseillions réciproquement de la prendre quand notre tour d'être massacré serait venu !....

Vers midi, accablé, anéanti par une agitation plus que surnaturelle, absorbé par des réflexions dont l'horreur est inexprimable, je me jetai sur un lit, et je m'endormis profondément. Tout me fait croire que je dois mon existence à ce moment de sommeil. Il me sembla que je paraissais devant le redoutable tribunal qui devait me juger. On m'écoutait avec attention, malgré le bruit affreux du tocsin et des cris que je croyais entendre. Mon plaidoyer fini, on me renvoyait libre. Ce rêve fit une impression si bienfaisante sur mon esprit qu'il dissipa totalement mes inquiétudes, et je me réveillai avec un pressentiment qu'il se réaliserait. J'en racontai les particularités à mes compagnons d'infortune, qui furent étonnés de l'assurance que je conservai depuis ce moment jusqu'à celui où je comparus devant mes terribles juges.

A deux heures, on fit une proclamation que le peuple eut l'air d'écouter avec défaveur. Un instant après, des curieux, ou bien peut-être des gens qui voulaient nous indiquer des moyens de nous sauver, placèrent une échelle contre la fenêtre de notre chambre ; mais on les empêcha d'y monter, en criant : « A bas! à bas! c'est pour leur porter des armes! »

Tous les tourments de la soif la plus dévorante se joignaient aux angoisses que nous éprouvions à chaque minute. Enfin notre guichetier Bertrand parut seul, et nous obtînmes qu'il nous apporterait une cruche d'eau. Nous la bûmes avec d'autant plus d'avidité qu'il y avait VINGT-SIX HEURES que nous n'avions pu en obtenir une seule goutte. Nous parlâmes de cette négligence à un fédéré, qui vint avec d'autres personnes faire la visite de notre prison. Il en fut indigné au point, qu'en nous demandant le nom de ce guichetier, il nous assura qu'il allait l'exterminer. Ce ne fut qu'après bien des supplications que nous obtînmes sa grâce.

Ce petit adoucissement fut bientôt troublé par des cris plaintifs que nous entendîmes au-dessus de nous. Nous nous apperçûmes qu'ils venaient de la tribune ; nous en avertissions tous ceux qui passaient sur les escaliers. Enfin on entra dans cette tribune, et on nous dit que c'était un jeune officier qui s'était fait plusieurs blessures, dont pas une n'était mortelle, parce que la lame du couteau dont il s'était servi étant arrondie par le bout, n'avait pu pénétrer. Cela ne servit qu'à hâter le moment de son supplice.

A huit heures, l'agitation du peuple se calma, et nous entendîmes plusieurs voix crier : « Grâce, grâce, pour ceux qui restent. » Ces mots furent applaudis, mais faiblement. Cependant une lueur d'espoir s'empara de nous ; quelques-uns même crurent leur délivrance si prochaine, qu'ils avaient déjà mis leur paquet sous le bras ; mais bientôt de nouveaux cris de mort nous replongèrent dans nos angoisses.

J'avais formé une liaison particulière avec le sieur Maussabré, qu'on n'avait arrêté que parce qu'il avait été aide-de-camp de M. de Brissac. Il avait souvent donné des preuves de courage ; mais la crainte d'être assassiné lui avait comprimé le cœur. J'étais cependant parvenu à dissiper un peu ses inquiétudes, lorsqu'il vint se jeter dans mes bras, en disant : — « Je suis perdu, je viens d'entendre prononcer mon nom dans la rue. » J'eus beau lui dire que c'étaient peut-être des personnes qui s'intéressaient à lui ; que d'ailleurs la peur ne guérissait de rien, qu'au contraire elle pourrait le perdre : tout fut inutile. Il avait perdu la tête au point, que ne trouvant pas à se cacher dans la chapelle, il monta dans la cheminée de la sacristie, où il fut arrêté par des grilles, qu'il eut même la folie d'essayer de casser avec sa tête. Nous l'invitâmes à descendre ; après bien des difficultés, il revint avec nous ; mais sa raison ne revint pas. C'est ce qui a causé sa mort, dont je parlerai dans un moment.

Le sieur Emard qui, la veille, m'avait donné des renseignements pour faire un testament olographe, me fit part des motifs pour lesquels on l'avait arrêté; je les trouvai si injustes, que, pour lui donner une preuve de la certitude où j'étais qu'il ne périrait pas, je lui fis présent d'une médaille d'argent, en le priant de la conserver pour me la montrer dans dix ans : et en effet il échappa au massacre.

A onze heures, plusieurs personnes armées de sabres et de pistolets, nous ordonnèrent de nous mettre à la file les uns des autres, et nous conduisirent dans le second guichet, placé à côté de celui où était le tribunal qui allait nous juger. Je m'approchai avec précaution d'une des sentinelles qui nous gardait, et je parvins peu à peu à lier une conversation avec lui. Il me dit, dans un baragouin qui me fit comprendre qu'il était provençal ou languedocien, qu'il avait servi huit ans dans le régiment Lyonnais. Je lui parlai patois; cela parut lui faire plaisir, et l'intérêt que j'avais de lui plaire, me donna une éloquence gasconne si persuasive, que je parvins à l'intéresser au point d'obtenir de lui ces mots, qu'il est impossible d'apprécier, quand on n'a pas été dans la prison où j'étais : « Né té cougneichi pas, mé pertant né peinsi pas qué siasqué un treste, au contrairi, té crésl un boun gouyat » (Je ne te connais pas, mais pourtant je ne pense pas que tu sois un traître; au contraire, je pense que tu es un bon enfant). — Je cherchai dans mon imagination tout ce qu'elle pouvait me fournir pour le confirmer dans cette bonne opinion ; j'y réussis, car j'obtins encore qu'il me laisserait entrer dans le redoutable guichet pour voir juger un prisonnier. J'en vis juger deux, dont un fournisseur de la bouche du roi, qui étant accusé d'être du complot du 10 août, fut condamné et exécuté : l'autre qui pleurait, et qui ne prononçait que des mots entrecoupés, était déjà déshabillé, et allait partir pour la Force, lorsqu'il fut reconnu par un ouvrier de Paris, qui attesta qu'on le prenait pour un autre. Il fut renvoyé à un plus amplement informé. J'ai appris depuis qu'il avait été proclamé innocent.

Ce que je venais de voir fut un trait de lumière qui m'éclaira sur la tournure que je devais donner à mes moyens de défense. Je rentrai dans le second guichet, où je vis quelques prisonniers qu'on venait d'amener du dehors. Je priai mon provençal de me procurer un verre de vin. Il allait le chercher, lorsqu'on lui dit de me reconduire dans la chapelle, où je rentrai, sans avoir pu découvrir le motif pour lequel on nous avait fait descendre ; j'y trouvai dix nouveaux prisonniers qui remplaçaient cinq des nôtres précédemment jugés. Je n'avais pas de temps à perdre pour composer un nouveau mémoire. J'y travaillais, bien convaincu qu'il n'y avait que la fermeté et la franchise qui pouvait me sauver, lorsque je vis entrer mon provençal qui, après avoir dit au guichetier : « Ferme la porte seulement à la clef, et attends-moi en dehors » (je traduis tout son patois provençal, inintelligible à la plupart de mes lecteurs), s'approcha de moi, et me dit, après m'avoir touché la main : « Je viens pour toi. Voilà le vin que tu m'as demandé : bois. » J'en avais bu plus de la moitié, lorsqu'il mit la main sur la bouteille, et me dit : « Mon ami, comme tu y vas ! j'en veux pour moi : à ta santé. » Il but le reste d'un trait ; et nous eûmes ensemble la conversation suivante :

« Je ne peux pas demeurer long-temps avec toi, reprit-il ; mais rappelle-toi de ce que je te dis ; si tu es un prêtre, ou un conspirateur du château de M. Véto*, tu es flambé ; mais si tu n'es pas un traître, n'aie pas peur ; je réponds de ta vie. — Eh ! mon ami, je suis bien sûr de n'être pas accusé de tout cela ; mais je passe pour être un peu aristocrate. — Ce n'est rien que cela ; les juges savent bien qu'il y a d'honnêtes gens partout ; le président est un honnête homme qui n'est pas sot. — Faites-moi le plaisir de prier mes juges de m'écouter : je ne leur demande que cela. — Tu le seras ; je t'en réponds. Or ça, adieu, mon ami ; du courage. Je tâcherai de faire venir ton tour le plutôt qu'il me sera possible.

* C'est ainsi que les révolutionnaires appelaient l'infortu[illegible] Louis XVI.

Embrasse-moi ; je suis à toi de bon cœur. » Nous nous embrassâmes, et il sortit.

Il faut avoir été prisonnier à l'Abbaye le 3 septembre 1792, pour sentir l'influence qu'eut cette petite conversation sur mes espérances, et combien elle les ranima.

Vers minuit, le bruit surnaturel qu'on n'avait pas discontinué de faire depuis trente-six heures, commença à s'apaiser ; nous pensâmes que nos juges et leur pouvoir exécutif, excédés de fatigue, ne nous jugeraient que lorsqu'ils auraient pris quelque repos. Nous étions à arranger nos lits, lorsqu'on fit une nouvelle proclamation, qui fut huée généralement. Peu après un homme demanda la parole au peuple, et nous lui entendîmes dire très-distinctement : « Les prêtres et les conspirateurs qui restent, et qui sont dans cette prison, ont graissé la patte des juges : voilà pourquoi ils ne les jugent pas. » A peine eut-il achevé de parler qu'il nous sembla entendre qu'on l'assommait.

L'agitation du peuple devint d'une véhémence effroyable. Le bruit augmentait à chaque instant, et la fermentation était à son comble, lorsqu'on vint chercher M. Défontaine, ancien garde-du-corps, dont bientôt après nous entendîmes les cris de mort. On vint ensuite arracher de nos bras deux de nos camarades ; ce qui me fit pressentir que mon heure fatale approchait.

Enfin le mardi, à une heure du matin, après avoir souffert une agonie de trente-sept heures qu'on ne peut comparer même à la mort ; après avoir bu mille et mille fois le calice d'amertume, la porte s'ouvre ; on m'appelle ; je parais ; trois hommes me saisissent, et m'entraînent dans l'affreux guichet.

A la lueur de deux torches, j'aperçus le terrible tribunal qui allait me donner ou la vie ou la mort. Le président, en habit gris, un sabre à son côté, était appuyé debout contre une table sur laquelle on voyait des papiers, une écritoire, des pipes et quelques bouteilles. Cette table était entourée par dix personnes, assises ou debout, dont deux étaient en veste et en tablier ; d'autres dormaient étendus sur des bancs. Deux hommes en chemise teinte de sang, le sabre à la main, gardaient la porte du guichet ; un vieux guichetier avait la main sur les verroux. En présence du président, trois hommes tenaient un prisonnier qui paraissait âgé de soixante ans.

On me plaça dans un coin du guichet ; mes gardiens croisèrent leurs sabres sur ma poitrine, et m'avertirent que si je faisais le moindre mouvement pour m'évader, ils me poignarderaient. Je cherchais des yeux mon provençal, lorsque je vis deux gardes nationaux présenter au président une réclamation de la section de la Croix-Rouge en faveur du prisonnier qui était vis-à-vis de lui. Il leur dit que ces demandes étaient inutiles pour les traîtres. Alors le prisonnier s'écria : « C'est affreux; votre jugement est un assassinat. » — Le président lui répondit : « J'en ai les mains lavées. Conduisez M. Maillé... » — Ces mots prononcés, on le poussa dans la rue, où je le vis massacrer par l'ouverture de la porte du guichet.

Je me suis trouvé souvent dans des positions dangereuses, et j'ai toujours eu le bonheur de savoir maîtriser mon âme ; mais dans celle-ci ! L'effroi inséparable de ce qui se passait autour de moi m'aurait fait succomber sans ma conversation avec le provençal, et surtout sans mon rêve qui me revenait toujours à l'imagination.

Le président s'assit pour écrire, et après qu'il eut sans doute enregistré le nom du malheureux qu'on expédiait, j'entendis dire : « A un autre. »

Aussitôt je fus traîné devant cet expéditif et sanglant tribunal, en présence duquel la meilleure protection était de n'en point avoir, et où toutes les ressources de l'esprit étaient nulles, si elles n'étaient pas fondées sur la vérité. Deux de mes gardes me tenaient chacun une main, et le troisième par le collet de mon habit.

Le président m'adressant la parole : « Votre nom, votre profession ? » — Un des juges : « Le moindre mensonge vous perd. — On me nomme Journiac-Saint-Méard ; j'ai servi vingt-cinq ans en qualité d'officier, et je comparais à votre tribunal avec l'assurance d'un homme qui n'a rien à se reprocher, qui, par conséquent, ne mentira pas. — C'est ce que nous allons voir, reprit le président; un moment. » Il regarda les écrous et les dénonciations qu'il fit ensuite passer aux juges. On détournait souvent leur attention, à mon grand regret. On leur parlait à l'oreille, on leur portait des lettres; une entre autres qu'on remit au président, et qu'on avait trouvée dans la poche de M. de Valcroissant, maréchal de camp, adressée à M. Servant, ministre de la guerre. — « Savez-vous, poursuivit le président, quels sont les motifs de votre arrestation ? — Oui, monsieur le président, et je peux croire, d'après la fausseté des dénonciations faites contre moi, que le comité de surveillance de la commune ne m'aurait pas fait emprisonner, sans les précautions que le salut du peuple lui commandait de prendre. On m'accuse d'être rédacteur du journal anti-feuillant, intitulé : *De la Cour et de la Ville.* La vérité est que cela n'est pas. C'est un nommé Gautier, dont le signalement ressemble si peu au mien que ce n'est que par méchanceté qu'on peut m'avoir pris pour lui; et si je pouvais fouiller dans ma poche.... »

Je fis un mouvement inutile pour prendre mon portefeuille; un des juges s'en aperçut, et dit à ceux qui me tenaient : « Lâchez, monsieur. » Alors je posai sur la table les attestations de plusieurs commis, facteurs, marchands et propriétaires de maisons chez lesquels il a logés, qui prouvaient qu'il était rédacteur de ce journal, et seul propriétaire. Un des juges : « Mais enfin il n'y a pas de feu sans fumée ; il faut dire pourquoi on vous accuse de cela. — C'est ce que j'allais faire. Vous savez, messieurs, que ce journal était une espèce de tronc dans lequel on déposait les calembourgs, quolibets, épigrammes, plaisanteries bonnes ou mauvaises qui se faisaient à Paris et dans les quatre-vingt-trois départements. Je pourrais dire que je n'en ai jamais fait pour ce journal, puisqu'il n'existe aucun manuscrit de ma main; mais ma franchise, qui m'a toujours bien servi, me servira encore aujourd'hui, et j'avouerai que la gaîté de mon caractère m'inspirait souvent des idées plaisantes, que j'envoyais au sieur Gautier. Voilà, messieurs, le simple résultat de cette grande dénonciation, qui est aussi absurde que celle dont je vais parler est monstreuse. On m'accuse d'avoir été sur les frontières, d'y avoir fait des recrues, de les avoir conduites aux émigrés.. » Il s'éleva un murmure général qui ne me déconcerta pas, et je dis, en haussant la voix : « Eh ! messieurs, messieurs, j'ai la parole ; je prie monsieur le président de vouloir bien me la maintenir ; jamais elle ne m'a été plus nécessaire. » Presque tous les juges dirent en riant : — « C'est juste, c'est juste : silence. — Mon dénonciateur est un monstre ; je vais prouver cette vérité à des juges que le peuple n'aurait pas choisis, s'il ne les avait pas cru capables de discerner l'innocent d'avec le coupable. Voilà, messieurs, des certificats qui prouvent que je ne suis pas sorti de Paris depuis vingt-trois mois. Voilà trois déclarations des maîtres des maisons chez lesquels j'ai logé depuis ce temps qui attestent la même chose. »

On était occupé à les examiner, lorsque nous fûmes interrompus par l'arrivée d'un prisonnier qui prit ma place devant le président. Ceux qui le tenaient dirent que c'était encore un prêtre qu'on avait déniché dans la chapelle. Après un fort court interrogatoire, il fut envoyé à la Force. Il jeta son bréviaire sur la table, et fut entraîné hors du guichet, où il fut massacré. Cette expédition faite, je reparus devant le tribunal.

Un des juges : « Je ne dis pas que ces certificats soient faux; mais qui nous prouvera qu'ils sont vrais ? — Votre réflexion est juste, monsieur; et pour vous mettre à même de me juger avec connaissance de cause, faites-moi conduire dans un cachot, jusqu'à ce que des commissaires, que je prie monsieur le président de vouloir bien nommer, aient vérifié leur validité. S'ils sont faux, je mérite la mort. »

Un des juges qui, pendant mon interrogatoire, parut s'intéresser à moi, dit à demi-voix : « Un coupable ne parlerait pas avec cette assurance. » Un autre juge : « De quelle section êtes-vous ? — De la Halle-au-Blé. » Un garde national, qui n'était pas du nombre des juges, s'écria : « Je suis aussi de cette section. Chez qui demeurez-vous ? — Chez M. Teyssier, rue Croix-des-Petits-Champs. — Le garde national : « Je le connais ; nous avons même fait des affaires ensemble ; et je peux dire si ce certificat est de lui... » Il le regarde, et dit : « Messieurs, je certifie que c'est la signature du citoyen Teyssier. »

Avec quel plaisir j'aurais sauté au cou de cet ange tutélaire ! Mais j'avais des choses si importantes à traiter, qu'elles me détournèrent de ce devoir ; et à peine eut-il achevé de parler, que je fis une exclamation qui rappela l'attention de tous : « Eh ! messieurs, d'après le témoignage de ce brave homme, qui prouve la fausseté d'une dénonciation qui pouvait me conduire à la mort, quelle idée pouvez-vous avoir de mon dénonciateur ? » Le juge qui paraissait s'intéresser à moi : « C'est un gueux ; et s'il était ici, on en ferait justice. Le connaissez-vous ? — Non, monsieur ; mais il doit être au comité de surveillance de la commune, et j'avoue que si je le connaissais, je croirais rendre service au public en l'avertissant, par des affiches, de s'en méfier comme d'un chien enragé. »

Un des juges : « On voit que vous n'êtes pas faiseur de journal, et que vous n'avez pas fait de recrues. Mais vous ne parlez pas des propos aristocrates que vous avez tenus au Palais-Royal, chez des libraires. — Je n'ai pas craint d'avouer ce que j'ai écrit ; je craindrai encore moins d'avouer ce que j'ai dit, et même pensé. J'ai toujours conseillé l'obéissance aux lois, et j'ai prêché d'exemple. J'avoue en même temps que j'ai profité de la permission que me donnait la Constitution, pour dire que je ne la jugeais pas parfaite, parce que je croyais m'apercevoir qu'elle nous plaçait tous dans une position fausse. J'ai dit aussi que presque tous les nobles de l'Assemblée constituante, qui se sont montrés si zélés patriotes, avaient beaucoup plus travaillé pour satisfaire leurs intérêts et leur ambition, que pour la patrie ; et quand tout Paris paraissait engoué de leur patriotisme, je disais : Ils vous trompent. Je m'en rapporte à vous, messieurs, l'événement a-t-il justifié l'idée que j'avais d'eux ? Il y a longtemps que je prévoyais une grande catastrophe, résultat nécessaire de cette constitution, revisée par des égoïstes qui, comme ceux dont j'ai déjà parlé, ne travaillaient que pour eux ; et surtout du caractère des intrigants qui la défendaient. Dissimulation, cupidité et poltronnerie étaient les attributs de ces charlatans. Fanatisme, intrépidité et franchise, formaient le caractère de leurs ennemis. Il ne fallait pas des lunettes bien longues pour voir qui devait l'emporter. »

L'attention qu'on avait à m'écouter, et à laquelle j'avoue que je ne m'attendais pas, m'encourageait, et j'allais faire le résumé de mille raisons qui me font préférer le régime républicain à celui de la constitution monarchique ; j'allais répéter ce que je disais tous les jours chez M. Desenne, lorsque le concierge entra tout effaré pour avertir qu'un prisonnier se sauvait par une cheminée. Le président lui dit de faire tirer sur lui des coups de pistolet; mais que s'il s'échappait, le guichetier en répondrait sur sa tête. On tira contre lui quelques coups de fusil, et le guichetier voyant que ce moyen ne réussissait pas, alluma de la paille. La fumée le fit tomber à moitié étouffé : il fut achevé devant la porte du guichet.

« Je repris mon discours, en disant : « Personne, messieurs, n'a désiré plus que moi la réforme des abus... Je ne suis ni jacobin ni feuillant..... » Un juge d'un air impatienté : « Vous nous dites toujours que vous n'êtes pas ça, ni ça : qu'êtes-vous donc? — J'étais franc royaliste. » Il s'éleva un murmure général, qui fut miraculeusement apaisé par le juge qui avait l'air de s'intéresser à moi, qui dit mot pour mot : « Ce n'est pas pour juger les opinions que nous sommes ici ; c'est pour en juger les résultats. » A peine ces précieux mots furent-ils prononcés, que je m'écriai : « Je n'ai jamais entendu parler des complots que par l'indignation publique.

Toutes les fois que j'ai trouvé l'occasion de secourir un homme, je l'ai fait, sans lui demander quels étaient ses principes. J'ai toujours été aimé des paysans de la terre dont j'étais seigneur; car dans le moment où l'on brûlait les châteaux de mes voisins, je fus dans le mien, à Saint-Méard; les paysans vinrent en foule me témoigner le plaisir qu'ils avaient de me voir; ils plantèrent un mai dans ma cour. Je sais que ces détails doivent vous paraître bien minutieux; mais, messieurs, mettez-vous à ma place, et jugez si c'est le moment de tirer parti de toutes les vérités qui peuvent m'être avantageuses. Je peux assurer que pas un soldat du régiment d'infanterie du roi, dans lequel j'ai servi vingt-cinq ans, n'a eu à se plaindre de moi; je peux même me glorifier d'être un des officiers qu'ils ont le plus chéri. » Quand je prononçai le nom du régiment du roi, il me sembla qu'on me marchait sur le pied, pour m'avertir apparemment que j'allais me compromettre; mais j'étais sûr du contraire.

Nous en étions là, lorsqu'on ouvrit une des portes du guichet qui donne sur l'escalier, et je vis une escorte de trois hommes qui conduisaient M. Margue, ci-devant major, précédemment mon camarade au régiment du roi, et mon compagnon de chambre à l'Abbaye. On le plaça, pour attendre que je fusse jugé, dans l'endroit où l'on m'avait mis quand on me conduisit dans le guichet.

Je repris mon discours. « Après la malheureuse affaire de Nancy, je suis venu à Paris, où je suis resté depuis cette époque. J'ai été arrêté dans mon appartement, il y a douze jours. Je m'attendais si peu à l'être, que je n'avais pas cessé de me montrer comme à mon ordinaire. On n'a pas mis les scellés chez moi, parce qu'on n'y a rien trouvé de suspect. Je n'ai jamais été inscrit sur la liste civile. Je n'ai signé aucune pétition. Je n'ai eu aucune correspondance répréhensible. Je ne suis pas sorti de France depuis l'époque de la révolution. Pendant mon séjour dans la capitale, j'y ai vécu tranquille; je m'y suis livré à la gaîté de mon caractère, qui, d'accord avec mes principes, ne m'a jamais permis de me mêler sérieusement des affaires publiques, et encore moins de faire du mal à qui que ce soit. Voilà, messieurs, tout ce que je peux dire de ma conduite et de mes principes. La sincérité des aveux que je viens de faire doit vous convaincre que je ne suis pas un homme dangereux. C'est ce qui me fait espérer que vous voudrez bien m'accorder la liberté que je vous demande, et à laquelle je suis attaché par besoin et par principes. »

Le président, après avoir ôté son chapeau, dit : « Je ne vois rien qui doive faire suspecter monsieur, je lui accorde la liberté. Est-ce votre avis? » Tous les juges approuvèrent cette décision.

A peine mon sort fut-il décidé, que tous ceux

qui étaient dans le guichet m'embrassèrent. J'entendis au-dessus de moi applaudir et crier *bravo*. Je levai les yeux, et j'aperçus plusieurs têtes groupées contre les barreaux du soupirail du guichet ; et comme elles avaient les yeux ouverts et mobiles, je compris que le bourdonnement sourd et inquiétant que j'avais entendu pendant mon interrogatoire, venait de cet endroit.

Le président chargea trois personnes d'aller en députation annoncer au peuple le jugement qu'on venait de rendre. Pendant cette proclamation, je demandai à mes juges un résumé de ce qu'ils venaient de prononcer en ma faveur ; ils me le promirent. Le président me demanda pourquoi je ne portais pas la croix de Saint-Louis, dont il savait que j'étais décoré. Je lui répondis que mes camarades prisonniers m'avaient invité à l'ôter. Il m'observa que l'Assemblée nationale n'ayant point défendu encore de la porter, on paraissait suspect en faisant le contraire. Les trois députés rentrèrent, et me firent mettre mon chapeau sur la tête ; ils me conduisirent hors du guichet. Aussitôt que je parus dans la rue, un d'eux s'écria : « Chapeau bas... Citoyens, voilà celui pour lequel vos juges demandent aide et secours. » Ces paroles prononcées, le pouvoir exécutif m'enleva, et placé au milieu de quatre torches, je fus embrassé de tous ceux qui m'entouraient. Tous les spectateurs crièrent : « Vive la nation! » Ces honneurs, auxquels je fus très-sensible, me mirent sous la sauvegarde du peuple, qui, en applaudissant, me laissa passer, suivi des trois députés que le président avait chargés de m'escorter jusque chez moi. Un d'eux me dit qu'il était maçon, et établi dans le faubourg Saint-Germain; l'autre était né à Bourges, et apprenti perruquier; le troisième, vêtu de l'uniforme de garde national, me dit qu'il était fédéré. Chemin faisant, le maçon me demanda si j'avais peur. « Pas plus que vous, lui répondis-je. Vous devez vous être aperçu que je n'ai point été intimidé dans le guichet : je ne tremblerai pas dans la rue. — Vous auriez tort d'avoir peur, poursuivit-il, car actuellement vous êtes sacré pour le peuple, et si quelqu'un vous frappait, il périrait sur-le-champ. Je voyais bien que vous n'étiez pas une de ces chenilles de la liste civile; mais j'ai tremblé pour vous, quand vous avez dit que vous étiez officier du roi. Vous rappelez-vous que je vous ai marché sur le pied? — Oui, mais j'ai cru que c'était un des juges. — C'était, parbleu, bien moi; je croyais que vous alliez vous fourrer dans le haria, et j'aurais été fâché de vous voir mourir. Mais vous vous en êtes bien tiré; j'en suis bien aise, parce que j'aime les gens qui ne boudent pas. » Arrivés dans la rue Saint-Benoît, nous montâmes dans un fiacre qui nous porta chez moi.

Le premier mouvement de mon hôte, de mon

ami, en me voyant, fut d'offrir son portefeuille à mes conducteurs, qui le refusèrent, et qui lui dirent, en propres termes : — « Nous ne faisons pas ce métier pour de l'argent. Voilà votre ami : il nous a promis un verre d'eau-de-vie ; nous le boirons, et nous retournerons à notre poste. » Ils me demandèrent une attestation qui déclarât qu'ils m'avaient conduit chez moi sans accident. Je la leur donnai, en les priant de m'envoyer celle que les juges m'avaient promise, ainsi que mes effets que j'avais laissés à l'Abbaye, et que je n'ai jamais reçus.

Le lendemain, un des commissaires m'apporta le certificat dont voici copie. — « Nous, commissaires nommés par le peuple pour faire justice des traîtres détenus dans la prison de l'Abbaye, avons fait comparaître, le 4 septembre, le citoyen Jourgniac-Saint-Méard, ancien officier décoré, lequel a prouvé que les accusations portées contre lui étaient fausses, et n'être jamais entré dans aucun complot contre les patriotes : nous l'avons fait proclamer innocent en présence du peuple, qui a applaudi à la liberté que nous lui avons donnée. En foi de quoi, nous lui avons délivré le présent certificat, à sa demande. Nous invitons tous les citoyens à lui accorder aide et secours. »

Signés POIR... BER...

A l'Abbaye, l'an IVe de la liberté, et le 1er de l'égalité.

Après quelques heures de sommeil, je m'empressai de remplir les devoirs que l'amitié et la reconnaissance m'imposaient. Je fis imprimer une lettre, par laquelle je fis part de mon heureuse délivrance à tous ceux que je savais avoir pris quelque part à mon malheur. Je fus, le même jour, me promener dans le jardin du palais de l'Égalité, ci-devant palais d'Orléans ; je vis plusieurs personnes se frotter les yeux, pour voir si c'était bien moi ; j'en vis d'autres reculer d'effroi, comme si elles avaient vu un spectre. Je fus embrassé, même de ceux que je ne connaissais pas : enfin ce fut un jour de fête pour moi et mes amis.

Avant d'intéresser la sensibilité de nos lecteurs par d'autres détails, nous croyons devoir placer ici, en forme de notes, quelques passages, dont les uns sont relatifs aux abbés Chapt et Lenfant, tous extraits d'un ouvrage intitulé : *Almanach des honnêtes gens, pour l'année* 1793. « L'abbé Chapt de Rastignac était âgé de plus de soixante-dix ans, d'une ancienne et illustre maison du Périgord, docteur de la maison et société de Sorbonne, vicaire général du diocèse d'Arles. Il avait été député à l'Assemblée constituante. Il est auteur de plusieurs écrits, entr'autres de *l'Accord de la révélation et de la raison contre le divorce.*

« L'abbé Lenfant s'était distingué dans la Société des Jésuites où il fallait avoir vraiment du mérite pour se faire remarquer. Il fut prédicateur de Joseph II, dont il était singulièrement aimé ; et il prêcha ensuite devant Louis XVI ; mais il est faux qu'il en fut le confesseur. On lui attribue le discours à lire au conseil, sur le projet d'accorder l'état civil aux protestants, qui parut en 1787. Il fut massacré à l'âge de plus de soixante-dix ans. Il était un célèbre prédicateur.

« Séron, procureur au parlement, fut une des victimes égorgées dans la prison de l'Abbaye. C'était un homme un peu brusque ; il fut éveillé en sursaut lors de la visite domiciliaire décrétée par l'Assemblée législative ; il prit de l'humeur, et se plaignit avec amertume de ce qu'on troublait le repos des citoyens pendant la nuit : on lui fit un crime de ses plaintes, et on l'envoya à l'Abbaye.

« On remarqua que les assassins n'excédaient nulle part le nombre de trente à quarante ; et l'on en conclut qu'il n'aurait pas fallu une grande force pour les dissiper. Parmi ces assassins, on distingua un jeune homme d'environ dix-huit ans, qui, monté sur une borne à côté du guichet de l'Abbaye, paraissait singulièrement acharné à frapper les victimes. Il disait qu'il avait perdu ses deux frères dans la journée du 10 août et qu'il les vengeait ; il se glorifiait d'avoir tué de sa propre main cinquante personnes. Un autre bourreau, qui se disait Marseillais, se glorifiait d'en avoir égorgé lui seul deux cents.

« Dans ces exécrables journées des 2 et 3 septembre, on vit des femmes assises dans des charrettes sur les corps morts, comme les blanchisseuses sur leur linge sale. D'autres se jetaient sur des cadavres et les déchiraient avec les dents. On en a vu danser en rond sur les cadavres qu'elles foulaient aux pieds. Enfin il y en eut qui coupèrent les oreilles des hommes assassinés, et les attachèrent avec une épingle devant leur sein.....

« Le comte de Saint-Mart, chevalier de Saint-Louis, ancien colonel, un des prisonniers massacrés à l'Abbaye, fut percé d'une lance qui lui traversait les deux flancs. Ses bourreaux l'obligèrent de marcher sur ses genoux, ayant le corps ainsi percé, et riaient aux éclats de l'attitude, des gémissements et des convulsions douloureuses de la victime. Ils finirent par lui couper la tête..... »

LES JOURNEES

DES 2 ET 3 SEPTEMBRE

AUX PRISONS DE L'ABBAYE

PAR UN TÉMOIN OCULAIRE *

J'allais à mon poste vers les deux heures et demie, je passais rue Dauphine, j'entends tout-à-coup des huées. Je regarde, j'aperçois quatre fiacres à la file les uns des autres, escortés par des gardes nationaux de départements (des fédérés marseillais et bretons).

Ces fiacres renfermaient chacun quatre individus ; c'étaient des gens arrêtés dans les visites domi-

* Méhée, secrétaire-greffier en chef du conseil général de la commune

ciliaires précédentes : ils venaient d'être interrogés à la mairie par Billaud-Varennes, substitut du procureur de la commune, qui les renvoyait à l'Abbaye, pour y être provisoirement déposés. On s'ameute, les cris redoublent; un des prisonniers, sans doute aliéné, échauffé par ces murmures, passe son bras à travers la portière et donne un coup de canne sur la tête d'un des fédérés qui accompagnaient; celui-ci, furieux, tire son sabre, monte sur le marche-pied de la voiture, et plonge à trois reprises dans le cœur de son agresseur. J'ai vu jaillir le sang à gros bouillons. « Il faut les tuer tous, ce sont des aristocrates, » s'écrient les assistants; tous les fédérés mettent le sabre à la main et égorgent à l'instant les trois compagnons de celui qui venait d'être immolé; j'aperçus dans ce moment un jeune homme vêtu d'une robe blanche, s'avancer hors de la même voiture; sa physionomie intéressante, mais pâle et éteinte, annonçait qu'il était très-malade; il avait rassemblé ses forces chancelantes, et, déjà atteint d'une blessure, il criait encore : « Grâce, grâce, pardon, » mais en vain, un coup mortel le réunit au sort des autres.

Cette voiture, qui était la dernière, ne conduisait plus que des cadavres; elle n'avait pourtant pas été arrêtée pendant le carnage qui avait duré l'espace de deux minutes. La foule augmente, les hurlements redoublent, on arrive à l'Abbaye; les cadavres des morts sont jetés dans la cour; les douze prisonniers vivants descendent pour entrer au comité civil; deux sont immolés en mettant pied à terre; dix parviennent à être introduits. Le comité n'avait pas eu le temps de procéder au plus léger interrogatoire, qu'une multitude armée de piques, d'épées, de sabres, de baïonnettes, vient fondre, arrache et tue es prévenus. Un d'eux, déjà percé de coups, se tenait encore attaché à l'habit d'un membre du comité, luttant toujours contre la mort.

Trois restaient, du nombre desquels se trouvait l'abbé Sicard, instituteur des sourds et muets; déjà les sabres étaient levés sur sa tête, lorsque Monnot, horloger, se jette au devant des piques, en s'écriant : « Percez-moi plutôt que d'immoler un homme utile à la patrie. » Ces paroles, prononcées avec le feu et l'élan d'une âme généreuse, suspendirent la mort; on profita du moment de calme pour faire passer Sicard avec les deux autres dans le fond du comité. L'un de ces survivants était le sous-instituteur des sourds et muets; le second était un avocat de Metz, arrivé depuis quelques jours pour affaire, et reconnu par Jourdan, membre du comité civil. Ces trois infortunés s'assirent autour de la table du comité, faisant semblant de délibérer comme membres. Cette ruse courageuse était la seule qui pût réussir, car, un moment après, entrèrent des hommes furieux, demandant à grands cris la tête de l'abbé Sicard; mais, ne le connaissant point, ils passèrent à côté de lui, et sortirent, persuadés qu'il était au nombre des cadavres.

Il était cinq heures du soir; arrive Billaud-Varennes, substitut du procureur de la commune; il avait son écharpe, et le petit habit puce et la perruque noire qui le caractérisait; il marche sur les cadavres, fait au peuple une courte harangue, et finit ainsi : « Peuple, tu immoles tes ennemis, tu fais ton devoir. » Cette oraison cannibale anime; les tueurs s'échauffent davantage, ils demandent à grands cris de nouvelles victimes; comment étancher cette soif de sang croissante, inextinguible? Une voix part d'à côté de Billaud; c'était celle de ce Maillard, depuis connu sous le nom de Tapedur : « Il n'y a plus rien à faire ici, allons aux Carmes. » Ils y courent, et, cinq minutes après, je vis amener les morts, traînés par les pieds dans les ruisseaux.

L'expédition des Carmes est terminée ou avancée; une bande de massacreurs revient couverte de sang et de poussière; ces monstres sont fatigués de carnage, mais non rassasiés de sang; ils sont hors d'haleine, ils demandent à boire du vin. «Du vin ou la mort!» Que répondre à cette volonté irrésistible? le comité civil de la section leur donne des bons de vingt-quatre pintes, assignés sur un marchand de vin voisin. Bientôt ils ont bu, ils sont soûlés et contemplent avec complaisance les cadavres jonchés dans la cour de l'Abbaye.

« Que faisons-nous ici? s'écrie la même voix (du même Maillard revenu des Carmes), allons aux prisons de l'Abbaye, il y a du gibier là. » Il dit, les tueurs répètent en chœur : « Allons à l'Abbaye, » et ils volent armés de leurs piques et de leurs sabres ensanglantés. A peine deux minutes étaient écoulées que l'on amenait les cadavres égorgés ; déjà plusieurs traînés dans les ruisseaux venaient d'être réunis au monceau de la cour de l'Abbaye, lorsque se forma, comme par inspiration, une commission dite populaire, dont les journaux rendirent compte le lendemain, et qu'ils appelèrent un tribunal équitable. *La Chronique* et Brissot lui donnèrent des éloges. Voici cependant quelle était sa composition, et quelle fut à peu près la conduite de ses membres.

Douze escrocs présidés par Maillard avec qui ils avaient probablement combiné ce projet d'avance, se trouvent, comme par hasard, parmi le peuple : et là, bien connus les uns des autres, ils se réunissent au nom du peuple souverain, soit de leur audace privée, soit qu'ils eussent reçu mission secrète d'une autorité supérieure ; ils s'emparent des registres d'écrou, ils les feuillettent et les parcourent : les porte-clefs tremblent, la femme du geôlier, le geolier s'évanouissent : la prison est environnée d'hommes furieux : l'on crie, les clameurs augmentent, la porte est assaillie, elle va être forcée lorsqu'un des commissaires se présente au grillage extérieur, et demande qu'on l'écoute ; ses gestes obtiennent un moment de silence, les portes s'ouvrent, il s'avance le livre des écroux à la main ; il se fait apporter un tabouret, monte dessus pour se mieux faire entendre : « Mes camarades, mes amis, s'écrie-t-il, vous êtes de bons patriotes, votre ressentiment est juste, et vos plaintes sont fondées. Guerre ouverte aux ennemis du bien public ; ni trève ni ménagements, c'est un combat à mort : je sens comme vous qu'il faut qu'ils périssent ; mais, si vous êtes de bons citoyens, vous devez aimer la justice. Il n'est pas un de vous qui ne frémisse à l'idée affreuse de tremper ses mains dans le sang de l'innocence. — Oui, oui, répond le peuple. — Eh bien, je vous le demande, quand vous voulez sans rien entendre, sans rien examiner, vous jeter comme des tigres en fureur, sur des hommes qui sont vos frères, ne vous exposez-vous pas au regret tardif et désespérant d'avoir frappé l'innocent au lieu du coupable ? » Ici l'orateur est interrompu par un des assistants qui, armé d'un sabre ensanglanté, les yeux étincelants de rage, fend la presse, et le réfute en ces termes : « Dites donc, monsieur le citoyen, parlez donc, est-ce que vous voulez aussi nous endormir ? Si les s.....

gueux de Prussiens et d'Autrichiens étaient à Paris, chercheraient-ils aussi les coupables? ne frapperaient ils pas à tort et à travers, comme les Suisses du 10 août? Eh bien, moi je ne suis pas orateur, je n'endors personne, et je vous dis que je suis père de famille, que j'ai une femme et cinq enfants que je veux bien laisser ici à la garde de ma section pour aller combattre l'ennemi; mais je n'entends pas que pendant ce temps-là, les scélérats qui sont dans cette prison, à qui d'autres scélérats viendront ouvrir les portes, aillent égorger ma femme et mes enfants; j'ai trois garçons qui seront, je l'espère, un jour plus utiles à la patrie que les coquins que vous voulez conserver : au reste, il n'y a qu'à les faire sortir, nous leurs donnerons des armes, et nous les combattrons à nombre égal : mourir ici, mourir aux frontières, je n'en serai pas moins tué par des scélérats, et je leur vendrai chèrement ma vie; et soit par moi, soit par d'autres, la prison sera purgée de ces s..... gueux-là. »

« Il a raison, répète un cri général : point de grâce! » Il faut entrer; on se pousse, on s'avance. « Un moment, citoyens, vous allez être satisfaits, dit le premier orateur : voici le livre des écroux, il servira à donner des renseignements, l'on pourra ainsi punir les scélérats, sans cesser d'être justes; le président lira l'écrou en présence de chaque prisonnier, il recueillera ensuite les voix et prononcera. » A chaque phrase on entendait de toutes parts, « Oui, oui, fort bien, il a raison, bravo ! bravo ! » A la fin du discours, plusieurs voix d'hommes apostés, crièrent : « M. Maillard ; le citoyen Maillard, président ; c'est un brave homme ; le citoyen Maillard, président. » Celui-ci, aux aguets de cette nomination, jaloux d'un pareil ministère, entre aussitôt en fonctions et dit « qu'il va travailler en bon citoyen. » La commission s'organise, les compagnons de Maillard l'environnent ; ils conviennent entre eux d'une formule d'interrogatoire très-brève, qui ne devait consister que dans l'indentité des noms et prénoms ; ils arrêtent que, pour éviter toute scène violente dans l'intérieur de la prison, on ne prononcera point la mort en présence des condamnés ; qu'on dira seulement : « A la Force. »

On finissait de régler ces formalités très-succinctes, lorsqu'une voix se fait entendre par la fenêtre de la salle de délibération, et s'annonçant comme chargée du vœu du peuple, dit : « Il y a des Suisses dans la prison : ne perdez pas de temps à les interroger, ils sont tous coupables ; il ne doit pas en échapper un seul. » Et la foule de crier : « C'est juste, c'est juste, commençons par eux. » Le tribunal aussitôt prononce unanimement : « A la Force. » Maillard, président, va leur annoncer leur sort. Il se présente à eux. « Vous avez, leur dit-il, assassiné le peuple au 10 août, il demande aujourd'hui vengeance, il faut aller à la Force. » Les malheureux tombent tous à ses genoux et s'écrient : « Grâce, grâce ! — Il ne s'agit, répond flegmatiquement Maillard, que de vous transférer à la Force, peut-être ensuite vous fera-t-on grâce. » Mais ils n'avaient que trop entendu les cris furieux de la multitude qui jurait de les exterminer ; aussi répliquèrent-ils d'une commune voix : « Eh ! Monsieur, pourquoi nous trompez-vous? Nous savons bien que nous ne sortirons d'ici que pour aller à la mort. » Paraissent en même temps deux égorgeurs du dehors, l'un garçon boulanger, l'autre Marseillais, qui leur disent du ton le plus inflexible : « Allons, allons, décidez-vous, marchons. » Alors ce ne fut plus que des lamentations, des gémissements horribles. Au milieu de ce spectacle déchirant pour tout autre que Maillard, s'élève la voix d'un des commissaires qui environnaient ces infortunés, et leur dit : « Eh bien ! voyons donc quel est celui de vous qui sort le premier?... » Tous les Suisses de s'enfoncer dans la prison, de se serrer mutuellement, de se cramponner les uns aux autres, s'embrassant et poussant des cris plaintifs et douloureux à l'aspect de la mort inévitable. L'empreinte du désespoir rendait plus intéressante encore la figure de quelques vieux vétérans ; leurs cheveux blancs inspiraient le respect, et leurs regards, semblables à celui de Coligny, paraissaient retenir les assassins qui étaient le plus près d'eux ;

mais la fureur de ceux qui étaient sur le derrière et qui ne pouvaient rien voir, augmentait encore. Des hurlements redoublés demandent des victimes. Tout-à-coup un de ces malheureux se présente avec intrépidité. Il avait une redingote bleue, paraissait âgé d'environ trente ans; sa taille était au-dessus de l'ordinaire, sa physionomie noble, son air martial; il avait ce calme apparent d'une fureur concentrée : « Je passe le premier, dit-il du ton le plus ferme, je vais donner l'exemple. Nous, soldats, ne sommes pas les coupables, nos chefs seuls le sont; cependant ils sont sauvés, et nous nous périssons; mais, puisqu'il le faut, adieu... » Puis lançant avec force son chapeau derrière sa tête, il crie à ceux qui étaient devant : « Par où faut-il aller? montrez-moi donc le chemin. » On lui ouvre les deux portes; il est annoncé à la multitude par ceux qui l'étaient venu chercher ainsi que ses camarades, il s'avance avec fierté. Tous les bourreaux reculent, se séparent brusquement en deux. Il se forme autour de la victime un cercle des plus acharnés, le sabre, la baïonnette, la hache et la pique à la main ; le malheureux objet de ces terribles apprêts fait deux pas en arrière, promène tranquillement ses regards autour de lui, croise les bras, reste un moment immobile; puis aussitôt qu'il aperçoit que tout est disposé, il s'élance lui-même sur les piques et les baïonnettes, et tombe percé de mille coups.

Les derniers soupirs de l'infortuné mourant sont entendus de ses malheureux camarades, qui répondent par des cris affreux. Déjà plusieurs avaient cherché à se cacher sous des tas de paille qui se trouvaient dans une des salles de leur prison, lorsque douze des plus forcenés massacreurs du dehors viennent les prendre l'un après l'autre et les immolent successivement comme le premier. Un seul a le bonheur d'échapper : déjà saisi par son habit, atteint d'un premier coup, il allait subir le même sort que les autres, lorsqu'un Marseillais s'élance, se fait passage à travers la voûte d'acier prête à se refermer sur lui-même : « Qu'allons-nous faire? s'écrie-t-il, dans son patois, mes camarades, je connais ce bon garçon ; il n'est point un soldat du 10 août, il n'est que fils de Suisse, et il s'est rendu lui-même en prison, parce qu'on l'avait assuré que tout ce qui est Suisse serait égorgé. »

Pendant cette minute de suspension d'égorgement, le jeune homme tire rapidement de sa poche des certificats, les exhausse au bout de ses bras levés en l'air ; sa jeunesse, une figure ingénue, les larmes qui coulaient en abondance de ses yeux, son air de candeur et de simplicité, les papiers qu'il montrait de toute sa force, se tenant toujours dans l'attitude la plus apparente, tout cela paraît arrêter et émouvoir. « Voyez-vous, s'écrie le Marseillais, profitant du moment favorable, voyez-vous qu'il est innocent? — Mettez-le en liberté, lui répond la multitude. » Aussitôt le Marseillais le prend par un bras, un massacreur le prend par un autre ; on met bas les armes, plusieurs l'embrassent et le félicitent. Il sort comme triomphant des étreintes de la mort qui l'enveloppait, et est reconduit au milieu des cris de *Vive la nation!* avec les démonstrations de la joie la plus vive et la plus bruyante.

Cet instant de clémence est de bien courte durée. On fait la lecture de la liste d'autres prisonniers : Grandmaison, Champclos, Maron, Vidaut et autres accusés de fabrication de faux assignats, sont appelés les premiers. On les fait descendre. Ils sont interrogés dans la forme brève convenue. Ils veulent répondre tous à la fois; mais, par jugement unanime du tribunal, ils sont aussitôt envoyés à la Force.

Après eux paraît Montmorin, l'ex-ministre des affaires étrangères. Le président veut l'interroger. Il déclare d'une manière assez ferme « qu'il ne reconnaît point les membres de la commission pour ses juges; qu'ils n'en ont point le caractère ; que l'affaire pour laquelle il est détenu est pendante à un tribunal légal, et qu'il ne doute pas que l'erreur dans laquelle le public paraît être à son égard, ne soit bientôt rétractée; qu'il espère confondre au plus tôt ses dénonciateurs, faire triompher son innocence, et obtenir même des dommages et intérêts.

Un des assistants l'interrompt et dit brusquement : « Monsieur le président, les crimes de M. de Montmorin sont connus, et, puisque son affaire ne nous regarde pas, je demande qu'il soit envoyé à la Force. — Oui, oui, à la Force, crièrent les juges. — Vous allez donc être transféré à la Force, dit ensuite le président. — Monsieur le président, puisqu'on vous appelle ainsi, réplique Montmorin du ton le plus ironique, monsieur le président, je vous prie de me faire avoir une voiture. — Vous allez l'avoir, » lui répond froidement Maillard. Un de ceux qui étaient là fait semblant de l'aller chercher, sort et revient un instant après dire à Montmorin : « Monsieur, la voiture est à la porte : il faut partir et promptement. » Montmorin réclame alors des effets, un nécessaire, une montre, etc., qui étaient dans sa chambre. On lui répond « qu'ils lui seront renvoyés. » Il se décide à aller trouver la fatale voiture qui l'attendait.

Après la mort de Montmorin, on demande une seconde lecture de la liste des prisonniers : le nom de Thierry, et plus encore la qualité de valet de chambre du roi, fixe l'attention de la commission. Un membre prend la parole et reproche à Thierry, qu'on venait d'amener, quelques faits de royalisme. Il l'accuse surtout de s'être montré le 10 août, au château des Tuileries, armé d'un poignard. Thierry nie. Il prétend hardiment « qu'il a toujours été honnête homme ; que, loin de conspirer contre son pays, il eût été le premier à le défendre contre ses ennemis ; que, s'il s'est trouvé auprès du roi le 10 août, c'est que son service l'y appelait, et qu'il avait fait son devoir. » Maillard le somme de déclarer dans quel poste du château il se trouvait au moment du combat. Il répond qu'il ne se rappelait pas précisément l'endroit ; qu'il était à ses affaires ; qu'au surplus il devait être traduit devant un tribunal légalement constitué, et que là il répondrait. « Vous ne nous persuaderez jamais, monsieur, lui dit un membre, que vous n'êtes point un aristocrate. Vous allez nous dire que vous étiez obligé de faire ce qui vous était ordonné ; moi, je vous répondrai : Tel maître, tel valet. En conséquence, je demande au président qu'il vous fasse transférer à la Force. » Maillard prononce à la Force, et Thierry n'est plus.

Viennent ensuite Bocquillon et Buos, juges de paix. « Vous êtes accusés par le peuple, leur dit aussitôt Maillard, de vous être réunis à des collègues aussi infâmes que vous, pour former au château des Tuileries un comité secret, destiné à venger la cour de la journée du 20 juin, et à en punir les auteurs. — Il est vrai, répondit Bocquillon d'un visage calme et serein, que je me suis trouvé à ce comité ; mais je défie qu'on me prouve que j'aie participé à aucun acte arbitraire. — A la Force ! à la Force ! »

s'écrièrent les membres. Le président prononce : Bocquillon et Buos ne sont plus.

Vigné de Cusay, prévenu d'avoir participé à la conduite des troupes qui avaient fusillé au Champ-de-Mars ; Protot et Valvin, accusés d'avoir volé la nation en émettant de faux billets de 40 sous de la maison de Secours, non numérotés et sans hypothèque, furent de même envoyés à la Force, d'après le prononcé de Maillard et au nom du peuple souverain.

Peut-être, sur l'étiquette des personnages que l'on vient de voir passer à la Force, va-t'on s'imaginer que le crime seul a péri. Sans doute, beaucoup de coupables ont payé de leur vie de véritables forfaits ; mais le plus grand tort qu'ont fait à la morale publique ces massacres affreux, c'est que des actes d'une illégalité aussi cruelle, loin de tourner au profit de l'exemple, seule fin des supplices, honorent presque les victimes au lieu de les flétrir, et laissent à leurs adhérents le droit de réclamer leur mémoire comme celle de l'innocence martyrisée.

J'ai oublié de rappeler un forfait de plus commis par les soi-disant chargés du peuple souverain. Avec quelque rapidité que se fissent les opérations, ces messieurs avaient encore le temps et la précaution, au lieu d'orner les victimes, de les dépouiller au vif. Ils commençaient par leur enlever portefeuilles, montres, bagues, diamants, assignats, puis mettaient toutes ces défroques, tant dans leurs poches que dans des corbeilles et cartons, et j'ai les deux preuves suivantes qu'ils se sont tout approprié.

1° Deux commissaires furent envoyés par la section des Quatre-Nations pour réclamer, à la prière de ses parents, un prisonnier qui n'avait absolument aucune note royaliste ; ils parvinrent, après bien de la peine, à le faire élargir ; mais s'étant aperçu qu'il n'était dressé aucun procès-verbal des effets précieux enlevés aux condamnés, ils se permirent d'en faire l'observation à ces prévôts spoliateurs ; ceux-ci très-gênés d'être devinés par des yeux dénonciateurs, voulurent d'abord biaiser, éluder ; bientôt ils élevèrent le ton d'une manière tellement torse et oblique, que le peuple, trompé sur l'objet de la discussion et prenant les commissaires de la section pour des prisonniers, allait les égorger, lorsque ceux-ci, baissant la voix et adoucissant les reproches d'une probité intempestive, filèrent promptement et revinrent comme des échappés.

2° Le comité civil de la section, chargé de se faire rendre compte, n'a rien pu découvrir de toutes ses dépouilles très-précieuses, quoique les prisonniers, de l'Abbaye particulièrement, fussent la plupart des gens de qualité très-opulents.

La commission se divisa sur les deux heures du matin, et se distribua les autres prisons de Paris.

Il restait cependant encore quelques prisonniers à

l'Abbaye ; la lassitude des opérateurs leur fit abandonner ce poste pendant quelques heures ; ils vinrent se reposer au comité civil, qu'ils avaient choisi pour le théâtre de leurs orgies, se faisant donner à boire, à boire, et passèrent ainsi la nuit dans des ruisseaux de vin. Ils retournèrent le matin à la prison de l'Abbaye et tuèrent ce qui restait, d'intervalle en intervalle.

J'ai dit comment Billaud-Varennes était venu la veille à la cour de l'Abbaye; Manuel était, de son côté, venu à la prison vers les huit heures du soir, à la lueur des flambeaux. Il avait harangué la commission populaire ; mais ses yeux exprimaient plus le caractère de la contrainte, que de la joie sanglante qui animait ceux de Billaud.

Billaud-Varennes revint le lendemain matin 3 septembre, vers midi, au comité de la section ; il parlait, monté sur les marches de l'escalier, lorsqu'un nommé Rulhières, prisonnier de l'Abbaye, déjà percé de plusieurs coups de pique, courait nu dans la cour, tombant, se relevant : je l'ai vu faire encore quelques pas chancelants, et lutter pendant plus de dix minutes contre la mort qui l'atteignait enfin. Voici les paroles abrégées, mais textuellement fidèles de Billaud-Varennes aux massacreurs : « Respectables citoyens, vous venez d'égorger des scélérats ; vous avez sauvé la patrie ; la France entière vous doit une reconnaissance éternelle ; la municipalité ne sait comment s'acquitter envers vous; sans doute le butin et la dépouille de ces scélérats (montrant les cadavres) appartiennent à ceux qui nous en ont délivrés; mais sans croire pour cela vous récompenser, je suis chargé de vous offrir à chacun 24 livres qui vont vous être payées sur-le-champ. (Applaudissements nombreux des égorgeurs) Respectables citoyens, continuez votre ouvrage, et la patrie vous devra de nouveaux hommages. »

Nota bene. Que Billaud-Varennes est celui qui, en sa qualité de substitut du procureur de la commune, avait, dans la matinée des jours précédents, interrogé, à la mairie, les détenus par suite des visites domiciliaires, notamment la princesse de Lamballe; et qu'ils avaient été distribués dans les diverses prisons.

Après le discours que je viens de rappeler, Billaud-Varennes entre au comité et le charge de donner les 24 livres qu'il vient de promettre aux opérateurs. Le comité qui ne possédait aucuns fonds lui demande les moyens de satisfaire aux engagements qu'il vient d'imposer. Il répond laconiquement de faire une liste, et s'en va sans donner d'autre solution, et laissant le comité tremblant et effrayé de cette terrible responsabilité envers les opérateurs.

En effet, à peine était-il sorti, que ceux-ci fondent en masse et demandent à grands cris la somme qui leur vient d'être allouée par Billaud-Varennes Jamais position ni spectacle ne furent plus horribles.

L'un a un sabre, une baïonnette ensanglantée; l'autre une pique cassée et couverte de cervelle humaine; un autre a arraché un cœur palpitant qu'il porte au bout d'une hallebarde brisée..... Voilà les trophées, les justifications abominables sur lesquelles ils fondent leurs réclamations menaçantes. « Croyez-vous que je n'aie gagné que 24 livres, disait hautement un garçon boulanger, armé d'une massue? j'en ai tué plus de quarante pour ma part. » Deux femmes furent rencontrées le matin, tenant à la main de la soupe et de la viande dans un potage: «Où allez-vous donc, leur dit leur voisine? — Je portons à déjeûner, répondirent-elles, à nos hommes qui travaillent à l'Abbaye. — Y a-t-il encore de la besogne, leur demande un tueur qui venait de cuver son vin dans la cour? — S'il n'y en a plus, il faudra bien en faire, répliquèrent ces deux femmes. »

Inquiet de satisfaire ces réclamants furieux, le comité s'occupe de dresser à l'instant la liste de chacun d'eux; leur dit que l'argent est à la municipalité, et les engage à aller le toucher eux-mêmes; ils y consentent et partent munis de la liste. Point d'argent au comité de surveillance de la commune. Ils y attendent en vain jusqu'à onze heures du soir: à minuit ils reviennent jurant, sacrant, écumant de rage, et menaçant le comité collectivement de lui couper solidairement la gorge, s'ils ne sont à l'instant payés. Point de réplique à cette décision impérative ; un membre du comité veut user de la voie de représentation, mais le sabre est levé sur sa tête; il se trouve muet ; en un mot, c'est la bourse ou la vie qu'il leur faut. A cet argument irrésistible un membre du comité, marchand de draps, demande la permission de courir chez lui chercher de l'argent, elle lui est accordée ; il revient incontinent, et avance à ses risques la moitié du traitement des égorgeurs.

Voilà donc le comité provisoirement débarrassé de ces monstres pour la nuit ; mais, après avoir cuvé la boisson immodérée de quarante-huit heures continues, ils reviennent de grand matin chercher l'autre moitié. Deux commissaires conduisent fraternellement à la commune. J'ai appris qu'ils avaient été définitivement payés par le ministre Roland, et j'affirme qu'on ne les a point revus.

Le 3 septembre au matin, Billaud - Varennes entra au conseil général de la commune, tenant amicalement par la main un massacreur couvert de sang, et le présenta comme un brave homme qui avait bien travaillé, suivant son expression.

LES CRIMES DES ÉGORGEURS

OU

MA RÉSURRECTION

Etranger aux clubs, aux pétitions, aux cabales, aux motions et aux places, uniquement occupé des lettres et de la jurisprudence, fort de ma vertu et de mon amour pour le bien public, j'étais loin de prévoir que je serais inscrit sur les listes fatales, et qu'on en voulait à mes jours. L'événement dont je vais parler fit cesser ma dangereuse sécurité.

Des renseignements dont j'avais besoin dans une affaire à laquelle je m'intéressais, m'avaient fait passer l'après-midi du 24 d'auguste 1792, tant à la mairie qu'à la commune, où j'avais parlé au secrétaire (Tallien), lorsqu'en revenant chez moi sur les neuf heures, je vis la porte cochère investie par des gardes nationales. Avant d'entrer, je demandai à un voisin de quoi il s'agissait ; il me répondit que c'était moi dont on faisait la recherche. J'éprouvai d'abord un mouvement de saisissement et d'effroi. Cependant, après m'être recueilli, croyant que j'étais sans doute l'objet de quelque méprise, je montai chez moi, où tout était ouvert, éclairé, et rempli d'hommes armés et non armés. « Que voulez-vous, leur dis-je? — Monsieur, me répondirent-ils fort poliment, nous sommes envoyés par la section du Théâtre-Français pour faire une visite chez vous.— Sans doute que vous êtes porteurs d'ordres écrits? Exhibez-les.» Je fus satisfait sur-le-champ. Ces ordres portaient que tout fût examiné dans mon domicile; que les scellés fussent mis sur mes papiers, s'il y avait lieu, et qu'on s'assurât ensuite de ma personne. « Faites votre devoir, leur dis-je après cette lecture : ma conscience est tranquille. — Nous avons rempli une partie de notre mission (avant que j'arrivasse on avait fouillé jusque sous les lits, pour voir si je ne cachais point des prêtres), et nous devons convenir que vous n'êtes aucunement compromis. Il n'y a plus qu'une légère explication à venir donner à la mairie; et cette affaire ne sera rien. Mais vous ferez bien de souper auparavant. » Pendant que j'avalais un œuf, on rédigea un procès-verbal, portant littéralement : « Nous n'avons découvert chez le sieur de La Varenne rien d'opposé à la révolution et de relatif à la journée du 10; mais nous y avons trouvé au contraire tous écrits attestant son patriotisme.» Puis après avoir fait rafraîchir ceux qui m'étaient venu faire la visite que je décris, je me rendis à pied au comité de surveillance de la mairie, avec l'un d'eux, qui y porta plusieurs liasses de mes papiers, la plupart relatifs à un don patriotique que j'avais été chargé de faire, et à ma clientèle.

Mon conducteur, que j'aurais pu quitter en chemin, si j'avais eu quelque chose à craindre, m'introduisit d'abord dans un petit cabinet où se trouvait un homme en écharpe. Un air de respect pour la sublimité de ses fonctions ; le ton d'importance qu'il affectait de prendre ; des expressions basses qui décelaient sa petitesse ; des regards qu'il jetait dédaigneusement sur moi ; une tête à cheveux presque ras, d'une amplitude et d'une rotondité risibles... voilà l'esquisse du personnage : j'ai su depuis qu'il s'appelait Leclerc.

Je l'informai de ce qui venait de m'arriver, et le priai de m'interroger, en lui annonçant que mes affaires me rendaient nécessaire chez moi le lendemain ; que ma santé, d'ailleurs, ne me permettait pas de passer une nuit ; je le déterminai à prendre lecture du procès-verbal, et demandai ma liberté en offrant une caution personnelle ou pécuniaire, s'il l'exigeait. « Je ne le puis, me dit-il ; il y a contre vous une dénonciation. » J'insistai et je voulus qu'il appelât quelques-uns de ses collègues pour délibérer sur ma demande. Un jeune homme, nommé Parrein, contre lequel j'avais, dans plusieurs plaidoyers, prouvé les plus grandes bassesses, se présenta. Alors je me retirai. Un instant après il traversa l'antichambre où j'attendais, et m'annonça que ma pétition était rejetée. Je rentrai auprès de Leclerc pour lui faire de nouvelles observations; mais je n'obtins de lui que cette réponse, à laquelle il mit toute sa ridicule gravité : « Retirez-vous; les membres du comité de surveillance ont délibéré. » On me montra sur-le-champ une espèce de cuisine où il n'y avait d'autres siéges que le carreau et quelques planches. Je commençais à me résigner, lorsqu'un homme me dit de le suivre. Après avoir traversé une cour dans un corps de logis dont j'ignorais l'existence, je passai au milieu de plus de cent hommes à figures rébarbatives, armés de sabres, piques et fusils, et dont les propos menaçants me firent craindre pour ma vie; puis j'arrivai à un escalier sale et étroit qui me conduisit à une espèce de grenier rempli de personnes de tous états, qu'on avait arrêtées comme moi, et qui n'avaient pour se coucher que de la paille presqu'en poussière. La frayeur glaça d'abord mes sens, et j'eus des pressentiments sinistres. Je m'y livrais, lorsqu'un des particuliers qui étaient venus faire la perquisition dans mon domicile, touché sans doute des honnêtetés qu'il avait reçues, vint me réclamer, me fit descendre avec lui, et me plaça, pour le reste de la nuit, dans un cabinet où étaient un garçon d'environ trente ans, horloger, rue du Harlay, capturé pour avoir apostrophé le maire Pétion qui passait dans le quartier ; la mère de ce jeune homme et une ancienne maîtresse d'école, qui me dit s'appeler Bataillon, dont quelques brefs du pape, trouvés chez elle, avaient causé l'arrestation. On leur promit, comme à moi, qu'ils seraient entendus le lendemain matin. Une lampe, deux chaises de paille, une porte renversée par terre, et un lit de sangle formaient le mobilier de ce misérable réduit, où mes compagnons d'infortune étaient consignés depuis environ quatre jours et quatre nuits. Nous nous consolâmes réciproquement ; après quoi, vaincus par le sommeil, nous essayâmes de nous y abandonner.

Le jeune homme, qui est mort deux ans après, des suites de la révolution qu'ont opérées sur lui les événements que j'ai à raconter, se coucha sur la porte ; sa mère et moi, nous nous jetâmes, ensemble et sans façon, sur le lit de sangle, où je tâchai inutilement de m'assoupir ; la maîtresse d'école resta sur une chaise.

En réfléchissant sur ce qui m'arrivait, je me persuadai qu'il y avait un projet de me traduire, sous quelque prétexte, devant le redoutable tribunal du 17 d'auguste. Je ne pouvais me dissimuler ni le nombre de mes ennemis, ni leur rage ; car, dans le mois de mai précédent, j'avais publié, pour deux infortunés (Lami-Evette et Dunuand), condamnés à l'échafaud, auquel j'ai réussi à les soustraire, un mémoire vigoureux, ayant pour titre : *Crime du comité des recherches de l'Assemblée constituante, et de plusieurs faussaires, créés et salariés par lui.*

Le lendemain, on vint me dire que Panis et Sergent, chefs du comité, avaient la plus grande influence sur le sort des personnes arrêtées, et qu'il fallait m'adresser à eux. Je leur écrivis ; on m'annonça en réponse qu'ils viendraient l'un et l'autre sur les huit heures du soir. Il fallut me résigner ; mais mon espoir fut vain, et je passai encore une nuit comme la précédente. Pendant le cours de la journée, on avait amené avec nous un homme qu'on avait désarmé avec affectation, et qui nous fut retiré dès qu'on s'aperçut que je l'avais reconnu pour un espion ; une jeune femme d'environ dix-huit ans, nommée Laborde, qu'on avait enlevée parce qu'elle avait refusé de dire ce qu'était devenu son mari, officier de paix ; un sexagénaire respectable, qu'on nomma M. Broussin, et un particulier d'environ quarante ans, trouvé porteur d'une petite canne à crosse, semblable à celle de Colnot d'Angremont, décapité quelques jours auparavant, soupçonné en conséquence d'être un de ses complices. On nous ôta bientôt ce dernier, pour l'envoyer à la prison de l'Abbaye, où l'on m'a assuré qu'il avait perdu la vie dans les fatales journées des 2 et 3 septembre suivant.

Trente-six heures ainsi passées m'avaient excédé de fatigue. Le dimanche, je priai avec les plus vives instances tous les membres de la Commune et du Comité qui traversaient la galerie, de me faire interroger, ou de me renvoyer sous caution. Leclerc, au visage burlesquement sévère, était toujours là pour les rendre inutiles : je les redoublai surtout auprès de son collègue Chartray, qui me promit, avec beaucoup de sensibilité, de faire en sorte que j'allasse le soir coucher chez moi. Vers les trois heures après midi, il expédiait un ordre en conséquence, lorsqu'on annonça l'arrivée de Panis : il me dit de m'adresser à lui.

Je le joignis aussitôt, non sans quelque répugnance, car je n'ai jamais aimé demander la moindre chose aux sots. J'invoquai auprès de lui quelques titres qui devaient me faire espérer une prompte justice, Cet homme, qu'un cœur dur, une figure ignoble et une ignorance crasse auraient dû laisser végéter dans son ancienne misère, et qui est cependant parvenu à la Convention, me vit sans pitié souffrant, persécuté sans cause légitime, crachant le sang, et rejeta ma demande, comme il avait dédaigné les justes représentations des personnes qui avaient été chez lui solliciter ma liberté.

Le mauvais succès de la tentative que je venais de faire auprès de lui, ne m'empêcha pas de l'attendre encore, sous la surveillance d'une sentinelle, dans l'espèce d'antichambre qui avoisinait son cabinet, toujours dans l'espérance de vaincre son inflexibilité meurtrière. Pendant ce temps, j'y vis une jeune personne que sa femme de chambre appelait à voix basse « Madame la princesse, » et qui était arrêtée depuis deux jours ; un fédéré marseillais, qui portait dans ses yeux la soif du carnage, et qui disait : « Triple nom d'un D...! je ne suis pas venu de cent quatre-vingts lieues pour ne pas f.... cent quatre-vingts têtes au bout de ma pique. » (En effet, il massacra aux prisons, dans les journées des 2 et 3 septembre, dont je parlerai) ; un gendarme qui tenait ce langage ; « Il y a environ huit jours que les prisonniers ont manqué de la sauter, gare que ça n'arrive » ; le nommé Tuban, valet de bureau, qui disait : « Voilà qu'on apprête la mort aux traîtres, il faut qu'il n'en échappe pas un ; » le sanguinaire Marat, qui épiait ses victimes ; enfin, plusieurs autres qui en désignaient aussi pour l'égorgement prochain, et qu'il n'est pas encore temps de faire connaître. Glacé d'effroi, je revenais accablé de douleur auprès de mes compagnons d'infortune, lorsque je fus reconnu par un nommé Rossignol, habitant du faubourg Saint-Antoine, qui me dit que « pour le coup il me tenait, qu'il allait bien se venger de ce que je l'avais fait rester dans les prisons, et que j'allais lui payer le mal que je lui avais fait. » Il faut que mes lecteurs sachent en quoi consistait ce mal, et celui qu'il m'a fait lui-même.

Un assassinat prémédité avait été commis, le 27 janvier 1791, en la personne d'un particulier à qui je m'intéressais, et le ministère public en avait rendu plainte. Parmi les nombreux accusés, figuraient un garçon boucher, et Rossignol, depuis si ridiculement devenu général d'armée. Je plaidai pour la partie civile, et, malgré les efforts de ce même Parrein, que j'ai précédemment cité, et qui était aussi incriminé, je parvins à faire rendre, le 30 mai suivant, un jugement (exécuté depuis), qui prononça la peine de mort contre le boucher, et un plus amplement informé contre Rossignol et autres.

Ce même homme, que j'avais défendu avec tant de chaleur, a perdu la vie sous les poignards, le 31 décembre 1792.

On n'est plus étonné maintenant des menaces de Rossignol. Parvenu depuis plusieurs jours, et je ne sais comment, à la Commune provisoire, il pouvait les effectuer d'une manière terrible. C'est aussi ce qu'il a fait le lendemain.

Le reste de la journée n'eut rien de remarquable que les différentes allées et venues de Caron-Beaumarchais, qu'on avait arrêté le 23 ou le 24, et qu'on envoya à l'Abbaye. Sur le soir, on nous amena une fille d'environ trente-six ans, qui, je crois, se nommait Lebrun ; elle nous assura qu'on s'était emparé d'elle, sur son refus de dire où s'était réfugié un comte qui demeurait avec elle.

Trois nuits passées sans fermer l'œil, et deux jours pendant lesquels je n'avais pu me procurer qu'une nourriture très-insuffisante, m'avaient jeté dans un état de dépérissement dont ceux qui me connaissaient pouvaient seuls se faire une juste idée. La patience m'échappa; j'assaillis tous les personnages qui passaient avec des écharpes, et leur dis qu'il y avait de la barbarie à retenir ainsi quelqu'un sans l'entendre. Un de ceux à qui je m'adressais, me reconnut, et me dit, avec des expressions fort obligeantes, qu'il lisait encore la veille un de mes mémoires, et que s'il occasionnait la perte de ma liberté, je devais m'en applaudir.

Quelques instants après, on mit en liberté cette même Bataillon qui avait passé six nuits sur une chaise, et l'on envoya à l'hôtel de la Force la dernière venue.

Accablé de lassitude, je recommençais à me plaindre hautement du déni de justice que j'éprouvais, lorsqu'un gendarme vint m'appeler, tenant un papier à la main, et m'annonça qu'il m'allait conduire en prison. Je demandai à voir l'ordre dont il était porteur, il me le montra sans difficulté; voici les termes de cette nouvelle lettre de cachet qui était signée Rossignol, Cally : « Le concierge de l'hôtel de la Force recevra, jusqu'à nouvel ordre, le sieur Maton de La Varenne, se disant homme de loi, etc., etc. »

En voyant la signature de Rossignol, l'indignation et la colère s'emparèrent de moi. Furieux, je me rendis au comité de surveillance, qui était presque attenant au cabinet où j'étais, et je déduisis à un municipal mes griefs contre cet homme. Depuis ses menaces de la veille, j'avais fait prendre dans mon cabinet un exemplaire du jugement que j'avais fait rendre contre lui ; je le remis à l'officier dont je parle, en le priant de s'en servir en ma faveur. Il me répondit, avec beaucoup de douceur, que j'avais raison, alla au comité faire lecture du jugement, mais ne put faire révoquer l'ordre, ainsi qu'il vint me l'annoncer lui-même. Je demandai alors à paraître pour me faire entendre ; on me refusa encore cette justice.

Ne pouvant plus opposer de résistance utile, je demandai au gendarme un quart-d'heure, qu'il m'accorda, et que j'employai à recevoir les consolations du vénérable Broussin. La nuit, il m'avait avoué qu'il était prêtre insermenté, mais qu'il n'avait été arrêté que comme soupçonné d'avoir des relations avec Durozoy *, auquel il n'avait jamais parlé, et qu'il portait par prudence une perruque.

* Rédacteur de la *Gazette de Paris*, décapité le 24 d'auguste 1792.

Sur ce que je lui avais demandé s'il avait laissé ignorer sa qualité à la section où il avait d'abord été conduit, il m'avait répondu qu'il devait la confesser, même au péril de sa vie, et qu'il l'avait laissé écrire sur le procès-verbal. Voici les dernières paroles qu'il me dit à l'oreille, en m'embrassant (au moment où je les rapporte mon cœur est encore déchiré, et je verse des larmes sur le sort de ce malheureux ecclésiastique) : « La charité chrétienne ne peut nous empêcher de voir qu'on a choisi bien des victimes ; mais souvenez-vous qu'il ne tombera pas un cheveu de nos têtes que la Providence ne l'ait permis pour notre plus grand bien. Adieu, nous ne nous rejoindrons peut-être que dans l'éternité. » A ces mots, je le quittai en sanglotant pour aller gagner un fiacre que le gendarme avait fait avancer dans la cour de la mairie. J'y montai sur les trois heures après midi avec une parente, qui ne m'avait quitté que la nuit pendant la détention dont je viens de rapporter les circonstances, et nous partîmes pour l'hôtel de la Force, jusqu'où elle voulut m'accompagner.

Les divers propos qui avaient frappé mes oreilles à la mairie, me faisaient tellement craindre un massacre prochain dans les prisons, que, chemin faisant, je conjurai ma parente d'employer sans délai toutes mes connaissances, et de solliciter elle-même pour ma prompte liberté Pendant que je l'entretenais de mes craintes, nous arrivâmes au quai Pelletier, qui était couvert d'une multitude considérable de personnes rassemblées pour voir passer l'abbé Sauvade, le libraire Guillot et Vimal, condamnés à mort pour la fabrication des faux assignats de Passy. Déjà nous avions presque entièrement dépassé le quai, et nous allions traverser la Grève, où nous apercevions la guillotine, lorsque deux hommes nous voyant dans un fiacre avec un gendarme, et nous jugeant des malfaiteurs, se dirent : — « Il faut guillotiner ceux-là en attendant les autres. » — Cette motion arriva jusqu'à moi. Avant qu'elle fût connue du peuple, je parvins, de concert avec le gendarme, à faire prendre au fiacre une autre rue, et j'arrêtai devant l'hôtel de la Force, dont le fatal guichet s'ouvrit pour me recevoir. C'était le lundi 27 d'auguste 1792.

J'ai maintenant à tracer des scènes d'horreur auxquelles la postérité refuserait de croire, si elles n'étaient attestées par toute la génération actuelle.

Après avoir laissé inscrire mon nom sur ce même registre qui contenait l'écrou de Rossignol pour une accusation d'assassinat, je demandai à être placé au quartier dit de la dette, comme le plus sain et le plus commode. On s'empressa de me satisfaire, car j'étais connu du concierge (Bault) pour avoir rendu des services essentiels à plusieurs prisonniers, et l'on fit porter pour moi un lit de sangle à la chambre de la Victoire.

En y entrant, je fus accueilli très-civilement de six prisonniers qui l'occupaient, du nombre desquels était Constant, qui avait quitté son métier de perruquier pour faire le sauvage et avaler des cailloux, tant au Palais-Royal qu'à la foire Saint-Germain.

Je reconnus aussi un de mes clients nommé Durand, à qui mon malheur arracha des larmes : il me força d'échanger mon lit contre le sien qui était bien meilleur, et eut pour moi les attentions les plus marquées jusqu'à l'instant où nous fûmes séparés, ainsi qu'on le verra.

La réflexion, l'espoir que je mettais dans le zèle de mes amis, et plus que tout cela, un bon dîner, m'ayant rendu un peu de calme, je descendis au jardin pour y prendre l'air jusqu'à la fermeture. J'y vis une infinité de personnes qui avaient eu un rang distingué, et j'y reconnus principalement le chevalier de Saint-Louis de la Chenaye, avec lequel sa qualité de trésorier du musée de Paris, dont j'étais membre, me donnait des liaisons depuis dix ans ; de Rulhière et de Saint-Brice ; les abbés Bertrand, ci-devant conseiller au grand conseil, frère de l'ex-ministre, Lebarbier de Blinières, vicaire épiscopal ; Flost, curé de Maisons, près de Conflans-l'Archevêque ; un autre, député à l'assemblée constituante; un valet de chambre de Louis XVI, nommé Lorimier de Chamilly, décapité depuis sous Robespierre, et Guillaume l'aîné, notaire; tous arrêtés, soit pour la journée du 10 août, soit comme dénoncés pour leurs opinions. Nous nous donnâmes mutuellement des consolations, et nous nous promîmes que le premier qui recouvrerait sa liberté, userait de tout son crédit pour la procurer aux autres.

Remonté à ma chambre, où nous fûmes tous enfermés sous des verroux et des serrures énormes, je me mis au lit et réfléchis jusqu'au lendemain matin à tout ce que je devais faire pour hâter mon élargissement. Dès la pointe du jour, j'écrivis à plusieurs de mes amis qui m'avaient dans tous les temps offert leurs services; j'écrivis aussi à Panis, à Danton, alors ministre de la justice, puis député à la Convention, puis décapité le 16 germinal (5 avril 1794); à Charpentier, son beau-père, limonadier, quai de l'École; à Camille-Desmoulins, secrétaire du sceau, puis député. Mes amis, un surtout chez qui j'avais dîné le jour de mon arrestation, répondirent que les circonstances orageuses où nous nous trouvions leur faisaient craindre de se compromettre; Danton promit de s'occuper de mon affaire et n'en fit rien; son beau-père lui parla ou ne lui parla point de moi, quoiqu'il eût pourtant bien promis de me recommander; le sensible Desmoulins, contre lequel j'avais fait prononcer en 1790 des condamnations tout à fait désagréables, et que je devais croire mon ennemi, s'éleva au-dessus de tout ressentiment; il ne vit en moi qu'un homme de bien persécuté, et fit tous ses efforts auprès de Panis pour que je fusse interrogé ou relaxé. La peine de mort qu'il a subie depuis avec Danton, ne m'empêche pas de faire connaître la générosité dont il a usé envers moi. Quant à Panis, il déclara à la personne qui lui remit mes lettres ne vouloir plus recevoir désormais de sollicitations. Puissent les larmes qu'il a fait verser à tant de familles tomber en gouttes brûlantes sur son cœur! Puisse le remords déchirer sa conscience, s'il en a une!

Je passais ainsi mes jours dans la prison, occupé d'une correspondance continuelle. Un désagrément que je sentais bien vivement, était celui de ne pouvoir ni fermer mes lettres, ni en recevoir de cachetées, ni voir aucun être du dehors. Quoique nous ne pussions avoir aucune communication externe sur les affaires publiques, il n'en transpirait pas moins parmi nous que tous les prisonniers de la capitale étaient menacés d'un massacre prochain. Les abbés Bertrand et Flost combattaient ce bruit; ce dernier surtout disait, en parlant des nombreux ecclésiastiques insermentés qu'on avait arrêtés: « Si Dieu a permis que nous fussions relégués ici, ce n'était pas pour nous livrer à la mort. » Ce raisonnement d'un homme pieux, prononcé avec cette onction qui va au cœur, tempérait les craintes, et chacun rappelait son courage. Mais une nouvelle qui nous parvint le 31 d'auguste au soir pensa nous le faire perdre. Pétion, qui était alors, ainsi que Marat, le dieu du jour, était venu sur les cinq heures à l'Assemblée législative, accompagné de sa municipalité, et l'un des membres y avait tenu ce langage atroce : « Nous avons fait arrêter les prêtres perturbateurs ; nous les avons mis dans une maison particulière, et dans deux jours le sol de la république en sera purgé. » En effet, les 2 et 3 septembre ils furent massacrés. Mais n'anticipons pas.

Déjà mon emprisonnement durait depuis environ quatre jours, quand je reçus une lettre par laquelle on m'annonçait qu'on allait sérieusement s'occuper de moi, et qu'on espérait m'embrasser le soir même. Le lendemain matin, on se plaignait dans une autre lettre de la lenteur qu'on mettait à me rendre justice, et faisant allusion à Rossignol, qui m'avait envoyé en prison, on me marquait que le rossignol ne chante pas toujours. (En effet, celui dont je parle ne chante plus, et s'il est accessible aux remords, il s'en abreuve actuellement.) Quelques instants après, on me remit un billet de ma mère, ainsi conçu :

« Le secrétaire du maire (Jozeau, ancien avocat) m'a dit qu'il fallait que vous fissiez, pour la municipalité, un mémoire, par lequel vous représenterez qu'il est de toute nécessité que vous paraissiez mercredi au tribunal de Sainte-Geneviève, etc. Vous écrirez aussi à M. Sergent une lettre pour que j'aie la permission de vous parler (elle ne l'a pas eue); tranquillisez-vous, prenez patience, et soyez sûr qu'on ne néglige rien ni devant Dieu, ni devant les hommes ; surtout soignez votre santé. »

Je travaillai donc sur-le-champ à un mémoire où je détaillai les circonstances de mon arrestation. « Aux moyens sur lesquels je fonde ma demande en liberté, y disais-je, se joint un intérêt non moins puissant. J'ai été volé avec effraction le 10 de juin dernier. Le procès s'instruit actuellement contre un nommé Lapointe, au cinquième arrondissement où je suis assigné pour le mercredi 5 septembre prochain. Faut-il que je sois ruiné et que le coupable triomphe, parce que je ne suis pas libre ? »

Ce Lapointe, dont les noms patronimiques étaient Louis-Claude, avait d'abord été garçon limonadier. Après avoir été impliqué dans plusieurs procès comme voleur, puis enfermé à Bicêtre, il recouvra sa liberté en promettant de dénoncer les brigands. Il fut réincarcéré pour le vol du garde-meuble de la Couronne, et redevint libre aux mêmes conditions. Il fut encore emprisonné le 7 juillet 1792, pour un vol avec effraction qui me fut fait, et parvint à sortir de la Force le 3 septembre suivant, en disant aux massacreurs qu'il n'y était que parce qu'il me devait 120 livres. Enfin le 8 messidor dernier (26 juin 1794), il a subi sur la place de Grève la punition due à ses crimes.

Je reviens à mon mémoire. Un de mes anciens confrères se chargea de le faire valoir à la Commune, le samedi 1er septembre. Ses affaires, qui l'empêchèrent de s'y rendre, et les évènements des jours suivants, rendirent inutile ma juste réclamation.

Ici mon cœur se nâvre, mes yeux s'inondent de larmes, la douleur me suffoque et la plume me tombe des mains. Plaignons la nation juste et généreuse qui a pu laisser commettre des crimes jusqu'alors inconnus dans l'histoire du monde.

J'ai déjà dit que toute communication verbale avec les personnes du dehors nous était interdite, et que toutes les lettres qui entraient et sortaient de la prison étaient ouvertes par le concierge. Aucune nouvelle extérieure ne devait donc parvenir jusqu'à nous. Cependant, soit que l'envie d'en fabriquer, ou la crainte en eût créé, soit qu'un des guichetiers en eût indiscrètement confié quelqu'une : en descendant au jardin le dimanche 2 septembre, sur les sept heures du matin, j'entendis un prisonnier qui disait à un autre que le Châtelet avait manqué d'être forcé pendant la nuit, et qu'on y aurait fait un affreux massacre, s'il n'était survenu des forces suffisantes pour en empêcher. Ce rapport, ainsi que je l'ai su quand j'ai été libre, était faux : il ne me laissa pas moins alors en proie à une agitation que j'eus soin de ne communiquer à personne.

Bientôt après, nous apprîmes que Verdun était assiégé, et qu'on demandait des troupes pour voler à sa défense. Alors, beaucoup de jeunes gens qui étaient détenus, soit pour des amendes prononcées contre eux par la police correctionnelle, soit pour des délits qui n'entraînaient point la peine capitale, prirent la résolution d'offrir leurs bras, et d'expier par une campagne glorieuse, ou par l'effusion de leur sang, les fautes qu'ils avaient commises. Je voulus bien rédiger leurs intentions dans un mémoire qu'ils firent passer aussitôt à l'Assemblée nationale.

Vers les deux heures après-midi, un grand homme, assez mal vêtu, vint du dehors trouver le nommé Joinville, chargé ce jour-là du guichet qui donne sur la rue des Ballets, et lui parla à l'oreille. Celui-ci parut un instant stupéfait de ce qu'il venait d'apprendre; puis il répondit assez haut : « Qu'ils viennent, s'ils le veulent, les massacrer ! Par ma foi, je ne serai pas si bête que d'aller me faire tuer pour les prisonniers. » Je n'ai appris ce fait que depuis ma liberté. La personne de qui je le tiens est incapable d'en imposer ; elle venait pour m'apporter des nouvelles qui ne m'ont point été transmises, et entendit la réponse de Joinville à l'homme dont je viens de parler, ce qui lui causa pour moi les plus vives alarmes.

Un nommé Maignen, qui attendait depuis quinze ou seize mois le jugement de son procès, manquant de tout, s'était avisé d'élever une cuisine dans le jardin, avec des pierres provenant d'une démolition qu'on avait faite. Il avait obtenu du concierge, sans doute, la permission de faire entrer sa femme tous les matins dès l'ouverture, pour apporter les provisions et préparer les aliments. Leur qualité avait achalandé la cuisine, et presque tous les prisonniers du quartier de la Dette, sans en excepter les plus riches, s'y fournissaient. Ce jour, contre la coutume, les vivres étaient entrés en petite quantité, et manquaient déjà à l'heure où les distributions ne faisaient ordinairement que commencer. Nous ne sûmes à quoi attribuer cela.

Sur les trois heures, un gendarme qui était entré, je ne sais pourquoi, dans notre quartier, dit à l'un d'entre nous, qui nous en informa aussitôt, qu'on venait de massacrer, vers le Pont-Neuf, sept personnes qu'on avait envoyées de la mairie à la prison de l'Abbaye, et que la veille, des femmes à demi-ivres disaient publiquement, sur la terrasse des Feuillants aux Tuileries, en parlant des détenus : « C'est demain qu'on leur f... l'âme à l'envers dans les prisons. » Ces propos, et ce qu'on était venu dire à Joinville, font voir qu'on avait projeté les massacres des prisonniers.

Sur les sept heures, on en appelait très-fréquemment, et ils ne reparaissaient plus. Chacun raisonnait à sa manière sur cette singularité; mais nos idées devinrent plus calmes, lorsque nous vînmes à nous persuader que le besoin de forces avait fait accueillir le mémoire que j'avais rédigé le matin pour l'Assemblée nationale, et qu'on délivrait en conséquence tous ceux qui n'étaient point prévenus de délits graves. C'était particulièrement l'opinion de nos compagnons d'infortune, de Rulhière et de La Chenaye, avec lesquels je causais encore, lorsqu'à huit heures on nous enferma tous. Hélas! ils ne prévoyaient pas le sort funeste dont ils étaient menacés.

Relégués dans nos chambres, nous entendions sans cesse ouvrir le guichet qui donne sur le jardin, et le guichetier Baptiste venait tantôt dans l'une, tantôt dans l'autre, chercher des prisonniers qui en sortaient avec mille démonstrations de joie. Il s'adressait principalement alors à ceux qui n'avaient que des affaires de police correctionnelle, ce qui bannissait les craintes que nous avions eues dans la journée.

Un dîner, que la disette de vivres avait rendu fort frugal, et une promenade de tout l'après-midi, m'avaient donné de l'appétit : le bon Durand fouilla toute la chambre pour nous trouver de quoi souper. Un morceau de pain d'une grosseur très-médiocre, que nous partageâmes entre sept, et un verre de vin qui se trouva dans une bouteille, furent toute notre ressource. Je prenais le parti de la résignation, et j'allais me mettre au lit, lorsque j'aperçus dans le jardin un jeune homme, nommé Duvoy, qu'on n'avait point encore enfermé. Toute fierté étant inutile, je lui demandai s'il pouvait me donner de quoi souper ; alors il se cramponna aux barreaux de notre fenêtre, et me présenta deux œufs, que l'impossibilité de me procurer du feu pour les faire cuire, me fit refuser.

J'essayais de trouver le sommeil, lorsque la porte de ma chambre s'ouvrit avec un bruit effroyable, et qu'on en fit sortir Delange, détenu correctionnellement. Un instant après, il fut suivi d'un vieillard de soixante-treize ans, nommé Berger, qu'on retenait de même depuis dix-huit mois, et qui fut réemprisonné en 1794, sous le nom de Dupont.

Les autres chambres de notre corridor s'ouvraient aussi sans cesse. Nous étions encore cinq dans la mienne ; tous, excepté moi, se livraient à l'espoir consolant d'être élargis avant le jour, lorsqu'on vint chercher Durand. Celui-ci se tenait tout habillé sur son lit pour ne pas se faire attendre. Il me serra la main, me promit de me donner de ses nouvelles, et sortit. Nous distinguâmes en même temps la voix de Delange qui, après avoir obtenu sa liberte, voulait absolument remonter à la chambre pour y prendre ses effets, et surtout un petit chien caniche blanc qui faisait tout son amusement. Ses sollicitations furent sans succès, parce qu'on voulait empêcher les prisonniers d'être informés des scènes affreuses qui se passaient déjà.

Pendant qu'on vidait ainsi les chambres, nous aperçûmes, de la nôtre, un nommé Caraco, qui, craignant sans doute, à cause de la nature de son délit, de ne point obtenir l'élargissement que, suivant le bruit commun, on accordait aux autres, montait le long des piliers de la galerie, inhabités depuis l'incendie de la Force, et gagnait les toits pour descendre dans la rue, où il fut massacré. Duvoy tenta aussi de s'évader; mais, heureusement, son peu d'agilité l'empêcha de réussir. Je dis heureusement, car il s'est tiré d'affaire : il s'en est fait depuis une autre.

Vers minuit, un nommé Barat, qui, par la situation de son local, était à portée d'entendre ce qui se passait, appela Gérard, mon camarade de chambre, et lui dit ceci, que je n'oublierai jamais : « Mon ami, nous sommes morts : on assassine les prisonniers à mesure qu'ils comparaissent; j'entends leurs cris. » A peine Gérard eut-il appris cette fatale nouvelle, qu'il nous dit : « Notre dernière heure est venue, nous n'avons plus aucune ressource. » J'avais quitté mon lit pour être plus à portée d'observer et d'écouter ; je répondis à Gérard (et je m'efforçais de penser ainsi) « que le bruit venait du peuple du faubourg Saint-Antoine, qui faisait ses enrôlements pour marcher au secours de Verdun, et qui traversait sans doute les rues pour se rendre auparavant à l'hôtel de ville. »

A une heure du matin, le guichet qui conduisait à notre quartier s'ouvrit de nouveau. Quatre hommes en uniforme, tenant chacun un sabre nu et une torche ardente, montèrent à notre corridor, précédés d'un guichetier, et entrèrent dans une chambre attenante à la nôtre, pour faire perquisition dans une cassette qu'ils brisèrent. A peine furent-ils descendus, qu'ils s'arrêtèrent sur la galerie, où ils mirent à la question un nommé Cuissa, pour savoir où était Lamotte, qui, sous prétexte d'un trésor caché dont il offrait de donner la connaissance, avait quelques mois auparavant, disaient-ils, escroqué une somme de 300 livres à l'un d'entre eux qu'il avait fait venir exprès dîner avec lui. Le malheureux qu'ils tenaient, et qui a perdu la vie cette nuit-là, leur répondait tout tremblant qu'il se souvenait bien du fait, mais ne pouvait leur dire ce qu'était devenu le prisonnier. Résolus de trouver ce Lamotte, et de le confronter à Cuissa, ils montèrent avec ce dernier dans d'autres chambres, où ils firent de nouvelles recherches, qui, suivant les apparences, furent inutiles, puisqu'ils dirent entre eux : « Allons le chercher dans les cadavres, car il faut, nom de D..., que nous sachions ce qu'il est devenu. » J'entendis en même temps appeler Louis Bardy, dit l'abbé Bardy, qui fut amené et massacré sur l'heure, ainsi que je l'ai su.

On peut se peindre la frayeur où m'avaient jeté ces mots : « Allons le chercher dans les cadavres. » Je ne vis plus d'autre parti à prendre que celui de me résigner à la mort. Je fis donc mon testament, que je terminai par cette phrase : « Je demande comme une grâce à ceux qui me dépouilleront, je les somme même par le respect dû aux morts, et au nom des lois qu'ils violent par des assassinats dont un jour la nation leur demandera compte, de faire passer à leurs adresses mon testament et la lettre qui y est jointe. »

A peine quittais-je la plume, que je vis de nouveau paraître deux hommes, aussi en uniforme, dont l'un, qui avait un bras et une manche de son habit couverts de sang jusqu'à l'épaule, ainsi que son sabre, disait : « Depuis deux heures que j'abats des membres de droite et de gauche, je suis plus fatigué qu'un maçon qui bat le plâtre depuis deux jours. » Ils parlèrent ensuite de Rulhière, qu'ils se promirent de faire passer par tous les degrés de la plus cruelle souffrance ; ils jurèrent par d'affreux serments de couper la tête à celui d'entre eux qui lui donnerait un coup de pointe. Le malheureux militaire leur ayant été livré, ils l'emmenèrent en criant : Force à la loi, puis le mirent nu, et lui appliquèrent de toutes leurs forces des coups de plat de sabre qui le dépouillèrent bientôt jusqu'aux entrailles, et firent ruisseler le sang de tout son corps. Enfin, après une demi-heure de cris terribles et une lutte des plus courageuses contre ses assassins, il expira.

Trois quart-d'heure après, c'est-à-dire environ sur les quatre heures du matin, on vint chercher Baudin de La Chenaye, qu'on força de s'habiller. Comme sa chambre était au-dessous de la mienne, et que nos croisées étaient ouvertes, j'entendis le guichetier lui dire lorsqu'il voulait prendre son chapeau : « Laissez-le là ; vous n'en avez plus besoin. » Il sortit et marcha avec fermeté au milieu des deux brigands dont j'ai parlé plus haut, et arriva au bureau du concierge, où il subit une espèce d'interrogatoire, après lequel l'interrogant ordonna qu'on le conduisît à l'Abbaye ; ce qui voulait dire *assommez-le*. Il passa donc le fatal guichet d'entrée et jeta un cri d'épouvante en apercevant un monceau de cadavres, se couvrit les yeux et le visage avec ses mains, puis tomba percé de coups.

Il était, ainsi que le précédent, accusé d'avoir trempé dans l'affaire du 10 hélas ! il était innocent. Soixante ans de vertus, qui ont toujours été héréditaires dans sa famille, semblaient lui promettre une meilleure fin. Depuis sa mort, qui a fait à mon cœur une plaie incurable, j'ai su qu'une visite sévère faite dans ses papiers n'avait rien offert qui pût faire regarder son emprisonnement comme légitime, et que l'erreur de ses meurtriers a été constatée par un certificat délivré à sa respectable veuve. J'ai appris d'elle, en allant lui porter quelques paroles de consolation, qu'un nommé Toussaint, ci-devant domestique d'un ancien procureur au parlement, nommé Châtelain, s'est vanté d'avoir été un des juges à l'hôtel de la Force dans la nuit du 2 septembre et d'avoir condamné à mort ce même La Chenaye, aux sollicitations duquel il doit une pension dont il jouit encore.

Une infinité de détenus des différents corps de logis de la prison, tels que René-François Gentilhomme, Staudé dit l'Allemand, André Roussey, l'abbé de La Gardette; Simonot, de Louze-de-la-Neufville, Etienne Deroncières et autres, eurent successivement le même sort que l'infortuné La Chenaye. Je craignais à chaque ouverture de guichet d'entendre prononcer mon nom et de voir entrer Rossignol. Le trouble de mes sens ne m'empêcha cependant pas de penser aux moyens de me soustraire à la fureur des assassins, s'il était possible. Je quittai ma robe-de-chambre et mon bonnet de nuit pour me vêtir d'une grosse chemise fort sale, d'une mauvaise redingote, sans gilet, et d'un vieux chapeau rond que, dans la crainte de ce qui arrivait, je m'étais fait apporter deux jours auparavant. J'imaginai qu'ainsi couvert, je ne serais pas soupçonné d'être du nombre des victimes qu'on devait immoler. On verra que cette précaution ne m'a point été inutile.

Sur les cinq heures, on vient chercher les abbés de Blinières et Bertrand. Un homme qui était dans le jardin cria : *A l'Abbaye*, mais un fédéré qui était au guichet dit qu'il ne fallait point leur faire de mal. J'ignore quel a été le sort du premier ; mais je sais que le second s'est tiré d'affaire : car je l'ai revu plus d'une année après.

A six heures et demie, on se présenta une seconde fois à la chambre des deux ecclésiastiques, pour en faire sortir le notaire (Guillaume l'aîné), qui l'habitait aussi. Tous les événements dont il avait été témoin depuis la fermeture de la veille lui ayant fait croire sa vie dans le plus grand danger, il hésita d'ouvrir sa porte, qu'il avait barricadée ou fermée en dedans. Alors les hommes qui l'assaillaient se répandirent en blasphêmes, le traitèrent d'ennemi de la nation, de scélérat, et allèrent chercher du renfort. A peine étaient-ils disparus, que, malgré le saisissement où j'étais moi-même, je lui observai par ma fenêtre, et sans pouvoir être vu de lui, qu'il venait de commettre une grande imprudence en résistant : « Eh, monsieur, me répondit-il, ignorant sans doute à qui il parlait, on n'assassine pas les gens sans les entendre. » Ceux qu'on était allé chercher arrivèrent en même temps; il leur ouvrit sa porte, et ils se saisirent de lui. J'ai été inquiet sur son sort pendant plus de quinze jours; j'ai su qu'il avait été relaxé.

Après toutes les horreurs qu'on vient de lire, plusieurs des individus qui, suivant le langage usité entre eux, faisaient justice des traîtres, se répandirent sur notre galerie, et dirent qu'il fallait lâcher les autres. Un cri de *Vive la nation*, que fit entendre le premier Decombe de Saint-Geniés, auquel on a rendu la liberté, fut la réponse des prisonniers qui restaient, et Benjamin Hurel-la-Vertu, l'un d'eux, fut emmené sur l'heure presque en triomphe.

On a vu que toutes les chambres de mon corridor avaient été vidées, à l'exception de la mienne. Nous y étions encore quatre qu'on semblait avoir oubliés, et nous adressions en commun nos prières à l'Éternel pour qu'il nous tirât du péril. Pendant que nous étions dans cette situation, mille fois plus horrible que la mort, le guichetier Baptiste vint nous visiter seul, nous parla des meurtres sans nombre qu'il avait vus commettre, nous dit qu'il nous avait sauvés en protestant que nous étions emprisonnés pour batteries; qu'on avait voulu le tuer lui-même à cause de nous, que nous n'avions plus rien à craindre, et qu'il répondait de nos personnes. L'assurance qu'il nous avait sauvés me parut un moyen imaginé par lui pour exciter notre générosité : car je l'avais vu exécuter, tout en tremblant, et sans oser répondre, les ordres qu'il recevait : néanmoins, je lui pris les mains et le conjurai de nous faire sortir, en lui promettant de lui donner ou faire donner cent louis, s'il me conduisait chez moi ou chez quelqu'un de mes parents. Un bruit partant des guichets le fit retirer précipitamment.

Nous entendîmes aussitôt, et nous aperçûmes même de nos croisées, près desquelles nous étions couchés à plat-ventre, pour n'être point vus, douze ou quinze hommes armés jusqu'aux dents, et la plupart couverts de sang, qui tenaient conseil à voix basse dans le jardin : « Remontons dans toutes les chambres, disait l'un d'eux, et qu'il n'en reste pas un ; point de pitié ! »

A ces mots, je tirai de mon gousset un canif que j'ouvris. Je m'interrogeais sur l'endroit où je devais m'en frapper, lorsque je réfléchis que la lame était trop petite pour me percer mortellement sur l'heure, et que ce serait me livrer d'avance à des tourments auxquels je pouvais échapper. La religion vint à mon secours, je pris la résolution d'attendre l'événement ; j'excitai mes compagnons d'infortune, surtout Gérard, à nous jeter entre les bras de la Providence.

Entre sept et huit heures, quatre hommes armés de bûches et de sabres vinrent nous déclarer qu'il fallait les suivre. Un d'eux, haut d'environ six pieds.

et dont l'uniforme me parut celui d'un gendarme, tira à quartier Gérard ; ils causèrent à voix très-basse, et firent des gestes qui me firent soupçonner une corruption. La conversation finit par ces mots du prisonnier : « Comme vous voyez, mon camarade, je n'ai été arrêté que pour avoir souffleté un aristocrate. » L'accusation pour laquelle il était détenu était, malheureusement pour lui, d'une bien plus dangereuse conséquence : je ne crois pas devoir en rendre compte.

Pendant le colloque dont je viens de parler, je cherchais partout des souliers pour quitter les pantouffles de palais que je portais. Forcé de renoncer à ma recherche, je descendis avec les autres, et vêtu comme je l'ai dit précédemment. Constant, dit le Sauvage, Gérard, et un troisième dont le nom échappe à ma mémoire, étaient libres de tout leur corps ; quant à moi, quatre sabres étaient croisés sur ma poitrine. Mes camarades obtinrent leur élargissement sans paraître au bureau du concierge. Moi, je fus traduit devant le personnage en écharpe qui y siégeait. Il était boiteux, assez grand et fluet de taille. Il m'a reconnu et parlé sept ou huit mois après. Quelques personnes m'ont assuré qu'il était fils d'un ancien procureur, et se nommait Chepy. En traversant la cour dite des Nourrices, je la vis pleine d'égorgeurs que pérorait Pierre Manuel, alors procureur de la commune, puis député à la

Convention, à laquelle il a donné sa démission, puis enfin justement frappé de mort le 14 novembre 1794. Arrivé au tribunal terrible, j'y fus interrogé ainsi : « Comment vous nomme-t-on? Quelle est votre qualité? Depuis quand êtes-vous ici ? » Mes réponses furent simples : « Mon nom est Pierre-Anne-Louis Maton de La Varenne ; je suis ancien avocat, et détenu depuis huit jours, sans savoir pourquoi ; j'espérais ma liberté samedi dernier ; les affaires publiques l'ont retardée. »

Je m'abstins de parler de Rossignol, car j'étais au milieu de tous ses camarades du faubourg, qui m'eussent immolé à son ressentiment, et dont un disait derrière moi sans me connaître : « Vas, monsieur de la peau fine, je vas me régaler d'un verre de ton sang. » Le soi-disant juge du peuple cessa ses questions, pour ne pas perdre de temps ; mais il ouvrit le registre de la prison, et après l'avoir examiné, il dit : « Je ne vois absolument rien contre lui. » Alors toutes les figures se déridèrent, et il s'éleva un cri de *Vive la nation*, qui fut le signal de ma délivrance.

Ce fut dans ce moment que je sentis plus vivement qu'en aucun autre la grandeur du péril auquel j'échappais, et qu'une pâleur très-voisine de l'évanouissement se fit remarquer sur mon visage. Je fus enlevé sur-le-champ, et conduit hors du guichet par des hommes qui me soutinrent sous les aisselles, en m'assurant que je n'avais rien à craindre, et que j'étais sous la sauvegarde du peuple.

Je traversai ainsi la rue des Ballets, qui était couverte de chaque côté d'une triple haie de gens des deux sexes et de tous les âges. Parvenu au bout, je reculai d'horreur en apercevant dans le ruisseau un monceau énorme de cadavres nus, souillés de boue et de sang, sur lesquels il me fallut prêter un serment. Un égorgeur était monté dessus et animait les autres : j'articulais les paroles qu'ils exigeaient de moi, quand je fus reconnu par un de mes anciens clients qui, sans doute, passait par hasard. Il répondit de moi, m'embrassa mille fois et apitoya en ma faveur les massacreurs mêmes. Son nom est Colange, Napolitain, fabricant de cordes à violons, rue de Charonne.

On voulut d'abord me mener boire et manger au comité de Saint-Louis; je refusai, en disant qu'échappé à la mort, je devais aller consoler plusieurs personnes qui pleuraient peut-être ma perte. Mes raisons furent goûtées; je demandai un fiacre à cause de ma faiblesse ; après avoir passé à pied une partie de la rue Saint-Antoine, où je fus rencontré et embrassé encore par trois personnes, il en passa un dont on fit descendre ceux qui l'occupaient, et j'y montai avec mes conducteurs, dont le nombre s'augmenta tellement en chemin, que le siége du cocher, les portières, l'impériale et le derriere en étaient couverts.

Mes lecteurs se rappelleront que je faillis perdre la tête à la guillotine, le 27 d'auguste, en traversant le quai Pelletier sous la conduite d'un gendarme : il semble qu'un génie malfaisant était acharné à ma perte, et voulait que je tombasse sous le fer des assassins, à la place de Grève, soit en allant en prison, soit en revenant dans mes foyers. Au coin du même quai, un homme qui, à mon extérieur défait et au désordre de mes vêtements, me prit pour un conspirateur ou pour un criminel d'un autre genre, saisit la bride d'un des chevaux du fiacre, et s'écria, en excitant contre moi l'indignation publique : « Il ne faut pas qu'il aille plus loin; assommons-le ici. » A peine avait-il achevé, qu'un sabre fut levé sur lui par un jeune homme qui se tenait à une portière; il aurait été pourfendu jusqu'à la ceinture sans un mouvement qu'il fit assez à temps pour éviter le coup.

Cet événement ne fit qu'augmenter l'espèce de pompe de ma marche triomphale, pendant laquelle je me rappelais ces paroles du Psalmiste : *Circum, dederuntme dolores mortis.* Sans cesse j'entendais des cris de félicitation autour de moi : « Citoyens, disait l'un, voilà un patriote qu'on avait enfermé pour avoir trop bien parlé pour la nation. — Voyez ce malheureux, disait un autre : ses parents l'avaient fait mettre aux oubliettes pour s'emparer de ses biens. » En même temps, chacun se pressait autour de la voiture pour me voir, et l'on m'embrassait sans cesse par les portières.

Au milieu de ces accueils, qui en épuisant ma sensibilité, anéantissaient mes forces physiques, j'arrivai en face de la rue Planche-Mibray. Mes conducteurs m'annoncèrent que j'allais traverser le Pont-au-Change pour voir sur sa culée les cadavres des scélérats dont on avait fait justice au Châtelet, et ensuite dans la cour du Palais, ceux des prisonniers de la Conciergerie. Alors je rappelai ma présence d'esprit pour demander à ne point voir ce spectacle hideux qu'il me serait impossible de supporter une seconde fois. Ma prière fut écoutée, et nous enfilâmes le pont Notre-Dame, d'où, par les rues adjacentes, nous parvînmes à celle de la Barillerie, où demeurait mon père. Mon arrivée chez lui causa la plus vive émotion à ma mère. J'éprouvai aussi quelques instants de saisissement, après lesquels je sentis ses joues collées sur les miennes qu'elle arrosait de larmes. C'était le 3 septembre.

Après avoir ainsi passé environ une heure à la maison paternelle, où ceux qui m'y avaient conduit n'avaient voulu accepter qu'un simple rafraîchissement, la crainte où j'étais qu'on ne vînt m'y reprendre me détermina à m'aller retirer dans un lieu sûr. En chemin, je sus que l'infortunée de Lamballe avait été massacrée presqu'à l'instant de ma sortie. Un particulier nommé Cressac, en faveur duquel j'avais fait un mémoire à imprimer, fut aussi élargi en même temps. Avant de l'être, il vit entrer dans sa chambre un homme, qui, après lui avoir demandé gaillardement la cause de sa détention, et lui avoir promis de s'intéresser à lui quand son tour arriverait, parce qu'il croyait le connaître, le rassura en lui disant : « Au surplus, si tu es condamné, ne t'inquiète pas, j'aurai soin que le coup ne te fasse pas languir. » Ce client a été réincarcéré pendant dix-sept mois sous Robespierre, et n'a échappé une seconde fois à la mort qu'après celle de ce monstre.

Il était environ deux heures, lorsque les massacreurs, accablés de fatigue, et ne pouvant plus lever les bras, quoiqu'ils bussent continuellement de l'eau-de-vie, dans laquelle Manuel avait fait mettre de la poudre à canon pour entretenir leur fureur, s'assirent en rond sur les cadavres gisant en face de la prison, pour reprendre haleine. Une femme, qui avait un panier rempli de petits pains, vint à passer ; ils les lui prirent, et en trempèrent chaque morceau dans les plaies de leurs victimes palpitantes. Jamais les cannibales ne se montrèrent aussi féroces et barbares.

Les détenus de la prison que je quittais, n'étaient pas les seuls sous la hache meurtrière : ceux des autres, des églises et des couvents y étaient de même. Pendant ces égorgements, la force publique restait dans une criminelle tranquillité. Billaud de Varennes disait aux assassins : « Respectables citoyens, vous venez d'égorger des scélérats : vous avez fait votre devoir, vous aurez chacun 24 livres.» Le sanguinaire Brissot, dont l'échafaud nous a vengés le 30 octobre (1794), demandait à d'autres bourreaux comme lui si tels ou tels avaient cessé de vivre, et savourait, de la mairie, le parfum de leur chair en lambeaux ; enfin, l'atroce Marat et une horde d'hommes de proie comme lui envoyaient par toute la France, sous le contre-seing du ministre de la justice, la lettre suivante, qui a provoqué le meurtre des prisonniers à Lyon, et de ceux d'Orléans à Versailles, etc.

« La commune de Paris se hâte d'informer ses frères de tous les départements qu'une partie des conspirateurs féroces détenus dans les prisons a été mise à mort par le peuple ; acte de justice qui lui a paru indispensable pour retenir par la terreur ces légions de traîtres cachés dans ces murs au moment où il allait marcher à l'ennemi ; et sans doute la nation entière, après une longue suite de trahisons qui l'ont conduite sur les bords de l'abîme, s'empressera d'adopter ce moyen si nécessaire au salut public. »

Depuis que je me suis hasardé à rentrer dans mon domicile, environ quatre mois après les massacres des prisons, j'ai cru que je pouvais encore goûter quelques jours heureux ; je me suis marié.

A peine l'étais-je que la tyrannie de Robespierre, qui pesait particulièrement sur les nobles, les anciens parlementaires et les gens de lettres, me força à fuir de nouveau avec mon épouse. Nous nous sommes tenus cachés et ignorés dans une commune, située près de Melun, jusqu'après le supplice du monstre.

Pendant qu'il régnait encore, Fouquier-Tinville, l'accusateur public du tribunal de sang, qu'il avait fait créer, sous le nom de tribunal révolutionnaire, me faisait chercher partout. J'ai acquis depuis la plus grande certitude à cet égard. Un homme, chargé de me chercher, m'a tout avoué pendant que Fouquier était en prison, c'est-à-dire environ un mois après la punition de Robespierre.

Deux ou trois jours après, je reçus de cet homme, qui voulait m'envoyer à l'échafaud, une lettre par laquelle il me priait, avec toutes les instances possibles, et des éloges dont je n'étais pas la dupe, de lui servir de défenseur. Voici ce qui je lui écrivis en réponse :

« Si vous n'aviez été cruel qu'envers moi, ma générosité me porterait à vous défendre. Mais vous avez fait de la France un vaste cimetière où chacun pleure sur des tombeaux ; vous l'avez inondé du sang des hommes les plus irréprochables. Je ne puis embrasser votre défense sans me rendre en quelque sorte l'apologiste des crimes dont vous avez effrayé le monde. Réclamez donc le ministère d'un autre que moi, et ne réitérez pas votre prière.

« *Signé* : LA VARENNE. »

Gaillard de La Ferrière a, sur mon refus, défendu Fouquier, au terme de la loi qui accorde un défenseur à tous les prévenus.

LETTRE ET MÉMOIRE

DE CARON-BEAUMARCHAIS

LETTRE A SA FILLE

« Mercredi matin 8 août (1792), j'ai reçu une lettre par laquelle un monsieur, qui se nommait sans nul mystère, me mandait qu'il était passé pour m'avertir d'une chose qui me touchait, aussi importante que pressée : il demandait un rendez-vous. Je l'ai reçu. Là, j'ai appris qu'une bande de trente brigands avait fait le projet de venir piller ma maison la nuit du jeudi au vendredi ; que six hommes en habit de garde national ou de fédéré devaient venir me demander, au nom de la municipalité, l'ouvertures de mes portes, sous le prétexte de chercher si je n'avais pas d'armes cachées. La bande devait suivre, armée de piques avec des bonnets rouges, comme des citoyens acolytes ; et ils devaient fermer les grilles sur eux, emportant les clefs, pour empêcher, auraient-ils dit, que la foule ne s'introduisît. Ils devaient enfermer mes gens dans une des pièces souterraines, en menaçant d'égorger sans pitié quiconque dirait un seul mot. Puis ils devaient me demander, la baïonnette aux reins, le poignard à la gorge, où étaient les 800,000 fr. qu'ils croyaient, disait ce monsieur, que j'ai reçus du trésor national. Enfin, m'ajouta le bonhomme, ils m'ont mis du complot, en jurant d'égorger celui qui les décélerait. Voilà mon nom, mon état, ma demeure ; prenez vos précautions ; n'exposez pas ma vie pour prix de cet avis pressant, que mon estime pour vous m'engage à vous donner.

« Après l'avoir bien remercié, j'ai écrit à M. Pétion, comme premier magistrat de la ville, pour lui demander une sauvegarde. J'ai remis ma lettre à son suisse, et n'en avais pas de réponse, quand les troubles ont commencé, ce qui redoublait mes inquiétudes...

« Samedi 11, vers huit heures du matin, un homme est venu m'avertir que les femmes du port Saint-Paul allaient amener tout le peuple, animé par un faux avis qu'il y avait des armes chez moi, dans les prétendus souterrains... Sur cet avis, j'ai tout ouvert chez moi : secrétaires, armoires, chambres et cabinets, enfin tout ; résolu de livrer et ma personne et ma maison à l'inquisition sévère de tous les gens qu'on m'annonçait. Mais, quand la foule est arrivée, le bruit, les cris étaient si forts, que mes amis troublés ne m'ont pas permis de descendre, et m'ont conseillé tous de sauver au moins ma personne.

« Pendant qu'on bataillait pour l'ouverture de mes grilles, ils m'ont forcé de m'éloigner par le haut bout de mon jardin ; mais on y avait mis un homme en sentinelle, qui a crié : « Le voilà qui se sauve ; » et cependant je marchais lentement. Il a couru par les boulevards avertir le peuple assemblé à ma grille d'entrée. J'ai seulement doublé le pas ; mais les femmes, cent fois plus cruelles que les hommes dans leurs horribles abandons, se sont toutes mises à ma poursuite.

« Il est certain, mon Eugénie, que ton malheureux père eût été déchiré par elles, s'il n'avait pas eu de l'avance ; car, la perquisition n'étant pas encore faite, rien n'aurait pu leur ôter de l'esprit que je m'étais échappé en coupable. Et voilà où m'avait conduit la faiblesse d'avoir suivi le conseil donné par la peur, au lieu de rester froidement comme je l'avais résolu...

« J'étais entré chez un ami dont la porte était refermée, dans une rue qui, faisant angle avec celle où les cruelles femmes couraient, leur a fait perdre enfin ma trace, et d'où j'ai entendu leurs cris...

« Pendant que j'étais enfermé dans un asile impénétrable, trente-mille âmes, au moins, étaient dans ma maison, où, des greniers aux caves, des serruriers ouvraient toutes vos armoires; où des maçons fouillaient les souterrains, sondaient partout, levaient les pierres, jusque sur les fosses d'aisance, et faisaient des trous dans les murs, pendant que d'autres piochaient le jardin, jusqu'à remuer la terre vierge, repassant tous vingt fois dans les appartements; mais quelques-uns disant, au grand regret des brigands qui se trouvaient là par centaines: « Si l'on ne trouve rien ici qui se rapporte à nos recherches, le premier qui détournera le moindre des meubles, une paille, sera pendu sans rémission, puis haché en morceaux par nous... »

« Enfin, après sept heures de la plus sévère recherche, la foule s'est écoulée, aux ordres de je ne sais quel chef. Mes gens ont balayé près d'un pouce et demi de poussière; mais pas un binet de perdu... Une femme, au jardin, a cueilli une giroflée: elle l'a payée de vingt soufflets; on voulait la baigner dans le bassin des peupliers.

« Je suis rentré chez moi. Ils avaient porté l'attention jusqu'à dresser un procès-verbal guirlandé de cent signatures, qui attestaient qu'ils n'avaient rien trouvé de suspect dans ma possession...

« Me voilà parvenu à la terrible nuit dont je vous ai déjà parlé : en voici les affreux détails.

« En nous promenant au jardin, sur la brune, le soir de ce même jour déjà si effrayant, l'on me disait : « Ma foi, monsieur, après ce qui est arrivé, il n'y a aucun inconvénient que vous passiez la nuit ici. » — Et moi, je répondais : — « Sans doute ; mais il n'y en a pas non plus que j'aille la passer ailleurs ; et ce n'est pas le peuple que je crains, le voilà bien désabusé ; mais cet avis que j'ai reçu d'une association de brigands pour me piller une de ces nuits, me fait craindre que, dans la foule qui s'est introduite chez moi, ils n'aient étudié les moyens d'entrer la nuit dans ma maison ; car on a entendu de terribles menaces. Peut-être y en a-t-il quelques-uns de cachés ici. Enfin, j'ai grande envie d'aller passer une bonne nuit chez notre bon ami de la rue des trois Pavillons. C'est bien la rue la plus tranquille qui soit au tranquille Marais. Pendant qu'il est à la campagne, va, François, va mettre une paire de draps pour moi. »

« J'ai soupé, ma fillette ; heureusement j'ai peu mangé. Puis je suis parti sans lumière pour la rue des Trois-Pavillons, m'assurant bien, de temps en temps, que personne ne me suivait.

« Mon François, retourné chez moi, la porte de a rue barrée et bien fermée, un domestique de mon ami enfermé tout seul avec moi, je me suis livré au sommeil. A minuit, le valet en chemise, effrayé, entre dans la chambre où j'étais : — Monsieur, me dit-il, levez-vous : tout le peuple vient vous chercher ; ils frappent à enfoncer la porte. On vous a trahi de chez vous ; la maison va être pillée. » En effet, on frappait d'une façon terrible. A peine réveillé, la terreur de cet homme m'en donnait à moi-même. « Un moment, dis-je, mon ami ; la frayeur nuit au jugement. » Je mets ma redingote, en oubliant la veste, et, mes pantoufles aux pieds, je lui dis : « Y a-t-il quelque issue par où l'on puisse sortir d'ici? — Aucune, monsieur ; mais pressez-vous, car ils vont enfoncer la porte. Ah ! qu'est-ce que va dire mon maître? — Il ne dira rien, mon ami, car je vais livrer ma personne pour qu'on respecte sa maison. Va leur ouvrir, je descends avec toi. »

« Nous étions troublés tous deux. Pendant qu'il descendait, j'ai ouvert une fenêtre qui donnait sur la rue du Parc-Royal. Il y avait sur le balcon une terrine allumée, qui m'a fait voir, au travers de la jalousie, que la rue était pleine de monde. Alors le désir insensé de sauter par la fenêtre s'est éteint à l'instant où j'allais m'y jeter. Je suis descendu, en tremblant, dans la cuisine au fond de la cour, et, regardant par le vitrage, j'ai vu la porte enfin s'ouvrir. Des habits bleus, des piques, des gens en veste sont entrés ; des femmes criaient dans la rue. Le domestique est revenu vers moi pour chercher beaucoup de chandelles, et m'a dit d'une voix éteinte : « Ah ! c'est bien à vous qu'on en veut. — Eh bien, ils me trouveront ici. »

« Il y a près de la cuisine une espèce d'office avec une grande armoire, où l'on met les porcelaines, dont les portes étaient ouvertes. Pour tout asile et pour dernier refuge, ton pauvre père, mon enfant, s'est mis derrière un des ventaux, debout, appuyé sur sa canne; la porte de ce bouge uniquement poussée, dans un état impossible à décrire, et la recherche a commencé.

« Par les jours de souffrance qui donnaient sur la cour, j'ai vu les chandelles trotter, monter, descendre, enfiler les appartements. On marchait, on allait au-dessus de ma tête. La cour était gardée, la porte de la rue ouverte, et moi, tendu sur mes orteils, retenant ma respiration, je me suis occupé d'obtenir de moi une résignation parfaite, et j'ai recouvré mon sang-froid. J'avais deux pistolets en poche; j'ai débattu longtemps si je devais ou ne devais pas m'en servir. Mon résultat a été que, si je m'en servais, je serais haché sur-le-champ, et avancerais ma mort d'une heure, en m'ôtant la dernière chance de crier au secours, d'en obtenir peut-être, en me nommant, dans ma route à l'hôtel-de-ville. Déterminé à tout souffrir, sans pouvoir deviner d'où provenait cet excès d'horreur, après la visite chez moi, je calculais les possibilités, quand la lumière, faisant le tour en bas, j'ai entendu que l'on tirait ma porte, et j'ai jugé que c'était le bon domestique qui, peut-être en passant, avait imaginé d'éloigner, pour un moment, le danger qui me menaçait. Le plus grand silence régnait. Je voyais, à travers les vitres du premier étage, qu'on ouvrait toutes les armoires; alors je crus avoir trouvé le sens de toutes ces énigmes : Les brigands, me disais-je, se sont portés chez moi; ils ont forcé mes gens, sous peine d'être égorgés, de leur déclarer où j'étais. La terreur les a fait parler : ils sont arrivés jusqu'ici, et, trouvant la maison aussi bonne à piller que la mienne, ils me réservent pour le dernier, sûrs que je ne puis échapper.

« Puis mes douloureuses pensées se sont tournées sur ta mère et sur toi, et sur mes pauvres sœurs. Je disais avec un soupir : Mon enfant est en sûreté, mon âge est avancé; c'est peu de chose que ma vie, et ceci n'accélère ma mort que de bien peu d'années; mais ma fille, sa mère, elles sont en sûreté. Des larmes coulaient de mes yeux. Consolé par cet examen, je me suis occupé du dernier terme de la vie, le croyant aussi près de moi; puis, sentant ma tête vidée par tant de contention d'esprit, j'ai essayé de m'abrutir et de ne plus penser à rien. Je regardais machinalement les lumières aller et venir. Je disais : Le moment s'approche. Mais je m'en occupais comme un homme épuisé, dont les idées commencent à divaguer, car il y avait quatre heures que j'étais debout dans cet état violent, changé depuis dans un état de mort. Alors, sentant de la faiblesse, je me suis assis sur un banc, et là j'ai attendu mon sort sans m'effrayer autrement.

« Dans ce sommeil d'horribles rêveries, j'ai entendu un plus grand bruit; il s'approchait; je me suis levé, et, machinalement, je me suis remis derrière le ventail de l'armoire. Une sueur froide m'a tombé du visage et m'a tout-à-fait épuisé.

« J'ai vu venir le domestique à moi, en chemise, une chandelle à la main, qui m'a dit d'un ton assez ferme : « Venez, monsieur, on vous demande. — Quoi ! vous voulez donc me livrer ? J'irai sans vous. Qui me demande ? — Monsieur Gudin, votre caissier. — Que dites-vous de mon caissier ? -- Il est là avec ces messieurs. » — Alors je crus que je rêvais, ou que ma raison altérée me trompait sur tous les objets. Mes cheveux ruisselaient; mon visage était comme un fleuve. — « Montez, m'a dit le domestique, montez; ce n'est pas vous qu'on cherche : monsieur Gudin va vous expliquer tout. »

« Ne pouvant attacher nul sens à ce qui frappait mon oreille égarée, j'ai suivi au premier étage le domestique, qui m'éclairait. Là j'ai trouvé monsieur Gudin en habit de garde national, armé de son fusil, avec d'autres personnes. Stupéfait de cette vision : — « Par quel hasard, lui ai-je dit, vous rencontrez-vous donc ici? — Par un hasard aussi étrange que celui qui vous y a conduit vous-même, le propre jour que l'on a donné l'ordre de visiter cette maison, où l'on a dénoncé des armes. » — N'ayant plus besoin de mes forces, je les ai senti fuir; elles m'ont manqué tout à fait; je me suis assis sur le lit où j'avais sommeillé deux heures avant que le bruit commençât, et il m'a dit ce qui suit :

— « Inquiet, à onze heures du soir, de savoir si notre quartier était gardé par les patrouilles, j'ai pris mon habit de soldat, mon sabre et mon fusil, et suis descendu dans les rues, malgré les conseils de mon fils. J'ai rencontré une patrouille qui, m'ayant reconnu, m'a dit : — « Monsieur Gudin, voulez-vous venir avec nous? vous y serez mieux que tout seul. — Je l'ai d'autant mieux accepté, que monsieur que vous voyez là en habit de garde national, est le limonadier qui reste en face de vos fenêtres; en un mot, c'est monsieur Gibé. »

D'honneur! ma pauvre enfant, je me tâtais le front pour m'assurer que je ne dormais pas. — « Mais comment, ai-je dit à monsieur Gudin, si c'est bien vous qui me parlez, m'avez-vous laissé là quatre heures, dans les angoisses de la mort, sans m'être venu consoler? — Je vais bien plus vous étonner, me dit Gudin, par mon récit, que ma présence ne l'a fait. J'ai vu doubler le pas, et j'ai dit à tous ces messieurs : Ce n'est pas ainsi qu'on patrouille. — Aussi ne patrouillons-nons pas; nous allons à une capture. — Je les vois arriver à la rue du Parc-Royal, et mon cœur commence à battre, nous sentant aussi près de vous. En détournant la rue des Trois-Pavillons, à l'habitation où vous êtes, on nous crie : Halte ici ; enveloppez la maison ; — et je me dis : Grand Dieu ! par quelle fatalité me trouvé-je avec ceux qui viennent pour arrêter M. de Beaumarchais? Moi aussi je croyais rêver : je me suis contenu de mon mieux pour voir où tout aboutirait. Le domestique ouvre la porte, et pense tomber à la renverse, me trouvant parmi ces messieurs. Il a cru que la trahison qu'il avait soupçonnée dans vos gens, s'était étendue jusqu'à moi : il balbutiait. Alors on a lu à haute voix l'ordre donné par la section de venir visiter ici, soupçonnant qu'il y a des armes. — Eh bien ! alors, lui dis-je, comment n'êtes-vous pas accouru; comment n'avez-vous eu nulle pitié de moi? — Ma terreur n'a fait qu'augmenter, reprit Gudin, à cette lecture ; j'ai eu la bouche encore plus close, et n'étais que plus effrayé, ne sachant pas, monsieur, s'il y avait ou non des armes, mais présumant avec effroi que, s'il s'en trouvait par malheur, vous alliez devenir victime de vous être enfermé ici : j'ai vu tous les rapports affreux de cette nuit à la visite qu'on venait de faire chez vous. Pendant le cours de la recherche, enfin, j'ai trouvé le moment de dire tout bas au domestique : « L'ami de votre maître est-il dans la maison? — Il y est, m'a-t-il dit. — Dans un autre moment je lui ai demandé : « Mais où est-il? — Je n'en sais rien, m'a-t-il répondu. — Il ne pouvait pas s'éloigner ; il éclairait les rechercheurs; on ne le perdait point de vue ; je me suis glissé sans lumière jusqu'à la chambre de votre lit; je vous ai cherché à tâtons, dessus, dessous, vous appelant tout bas. Mais vous étiez ailleurs, et je ne pouvais vous aller prendre. Enfin, la recherche achevée, assuré que la calomnie avait encore manqué son coup, j'ai confié à tous ces messieurs par quel hasard vous vous trouviez caché dans la chambre du maître ; et leur étonnement a au moins égalé le nôtre. Dieu merci, le mal est passé; recouchez-vous, monsieur, et tâchez de dormir : vous devez en avoir besoin. »

« Alors, toute la patrouille étant entrée dans cette chambre, j'ai dit au commissaire de section : — « Monsieur, vous me voyez ici sous la sauvegarde de l'amitié : je ne puis mieux payer l'asile qu'elle me donnait, qu'en vous priant, au nom de mon ami, qui est excellent citoyen, de rendre votre visite aussi sévère que le peuple l'a faite hier chez moi, et d'en dresser procès-verbal, pour que sa sûreté ne soit plus compromise par d'infâmes calomnies. — Monsieur, m'a dit le commissaire, notre procès-verbal est clos ; votre ami est en sûreté. »

« Ces messieurs sont partis. On dit au peuple, aux femmes dans la rue, que cette maison était pure. Les femmes, enragées que l'on n'eût rien trouvé, ont prétendu qu'on avait mal cherché ; ont dit qu'en huit minutes elles allaient trouver la cachette. Elles voulaient que l'on rentrât ; on s'y est opposé ; le commissaire a fait brusquement refermer la porte. Ainsi ont fini mes douleurs ; mais la sueur, la lassitude et la faiblesse me brisaient.....

« J'ai appris, le lendemain matin, que des hommes âgés, affectionnés à ce quartier, que jamais rien n'avait troublé, entendant ce tapage affreux, saisis d'une terreur nocturne, ont sauté par-dessus les murs, et que, de jardin en jardin, ils ont été troubler des dames de la rue de la Perle, en leur demandant, en chemise, de les garantir de la mort : l'un d'eux s'était cassé la jambe.

« L'effroi s'était communiqué ; et de tout ce quartier, ton père, qui avait eu le plus sujet de craindre, a peut-être été le seul qui ait achevé dans son lit une nuit aussi tourmentée. »

Ecoutons maintenant Beaumarchais faire le récit de son incarcération, et des nouvelles frayeurs dont il fut rempli.

« J'avais fait un grand mémoire pour l'assemblée nationale, à qui je demandai des juges relativement à mon achat de soixante-mille fusils déposés en Hollande; et l'on était à le copier, lorsqu'on vint m'arrêter, le 23 août 1792, à cinq heures du matin, avec un grand scandale, et mettre des scellés chez moi. L'on me traîna dans la mairie, où je restai debout dans un couloir obscur, depuis sept heures du matin jusqu'à quatre heures après-midi, sans que personne m'y parlât, sinon les gens qui m'avaient arrêté. Ils vinrent me dire, à huit heures : « Restez-là, nous nous en allons ; voilà un bon reçu que l'on nous a donné de vous. »

« Fort bien, me dis-je, me voilà comme le pied fourché sur la place : les conducteurs ont leur reçu, ils partent ; et moi j'attends, bien garotté, le boucher qui m'achètera.

« Après neuf heures d'attente sur mes jambes, on vint me prendre et me conduire dans un bureau, nommé de surveillance, présidé par M. Panis, qui se mit à m'interroger. Etonné qu'on n'écrivît rien, j'en fis la remarque ; il me dit, que ceci n'était que sommaire, et qu'on y mettrait plus de formes, quand mes scellés seraient levés. Ce que j'y sus de plus certain, c'est qu'il y avait sur moi des clameurs au Palais-Royal, sur la traîtrise avec laquelle je refusais d'amener en France soixante-mille fusils, que l'on m'avait payés d'avance, et que j'avais des dénonciateurs. — Nommez-les, monsieur, je vous prie; sinon, moi je les nommerai. — Mais, dit-il, un monsieur Colmar, membre de la municipalité; un monsieur Larcher, et tant d'autres. — Larcher, lui dis-je, ah ! n'allez pas plus loin. Envoyez seulement chercher un portefeuille que j'ai fait mettre à part, sous un scellé particulier, vous y verrez la noire ingratitude de ce Larcher, et d'un Constantini, avec tant d'autres, ainsi que vous le dites; mais il n'est pas temps de nommer. — On lèvera demain vos scellés; nous verrons, dit M. Panis; en attendant, allez coucher à l'Abbaye. J'y fus, et je fus en chambrée avec les malheureux..... qui bientôt furent égorgés.

« Le lendemain 24, après-midi, deux officiers municipaux vinrent me prendre à l'Abbaye, pour assister à la levée de mes scellés et description de mes papiers. L'opération dura toute la nuit jusqu'au lendemain 25, à neuf heures du matin; puis l'on me conduisit à la mairie, où mon couloir obscur me reçut une seconde fois, jusqu'à trois heures après-midi, qu'on me fit entrer de nouveau dans le bureau de surveillance, présidé par M. Panis. « On nous a, me dit-il, rendu compte de l'examen de vos papiers. Il n'y a là-dessus que des éloges à vous donner; mais vous avez parlé d'un portefeuille sur l'affaire de ces fusils, que vous êtes accusé de retenir méchamment en Hollande; et ce portefeuille-là, ces deux messieurs l'ont déjà vu, ils nous ont même dit que nous en serions étonnés. (C'étaient les deux municipaux qui avaient levé les scellés.) — Monsieur, je brûle de vous l'ouvrir ; et le voici. » Je prends l'une après l'autre toutes les pièces justificatives. Je n'étais pas à la moitié, que M. Panis s'écria : « Messieurs, c'est pur, c'est pur ! ne vous semble-t-il pas ainsi ? » Tout le bureau s'écria : « C'est pur ! » On ajouta qu'il fallait donner à M. Beaumarchais une attestation honorable de son civisme et de sa pureté, et lui faire des excuses des chagrins qu'on lui a causés, dont la faute est aux circonstances. Un M. Berchéret, secrétaire, dont les regards bienveillants me consolaient et me touchaient, écrivait cette attestation, lorsqu'un petit homme aux cheveux noirs, au nez brusque, à la mine effroyable, vint, parla bas au président. Vous le dirais-je, ô mes lecteurs ? c'était le grand, le juste, en un mot, le clément Marat.

Il sort. M. Panis, en se frottant la tête avec quelque embarras, me dit : « J'en suis bien désolé, monsieur ; mais je ne puis vous mettre en liberté. Il y a une nouvelle dénonciation contre vous. — Dites-la moi, monsieur, je l'éclaircirai à l'instant. — Je ne le puis ; il ne faudrait qu'un mot, un seul geste de vous à quelques uns de vos amis qui vous attendent là-dehors, pour détruire l'effet de la recherche qu'on va faire. — Monsieur le président, qu'on renvoie tous mes amis ; je me constitue prisonnier dans votre bureau, jusqu'à la recherche finie : peut-être donnerai-je les moyens de la racourcir. Dites-moi de quoi il s'agit. »

Il prit l'avis de ces messieurs ; et, après avoir exigé ma parole d'honneur que je resterais au bureau et n'y parlerais à personne, jusqu'à ce qu'ils revinssent tous, il me dit : « Vous avez envoyé cinq malles de papiers suspects chez une présidente, rue Saint-Louis, au Marais, nº 15 ; l'ordre est donné de les aller chercher. — Messieurs, leur dis-je, écoutez ma réponse. Je donne aux pauvres avec plaisir tout ce qu'on trouvera dans les cinq malles que l'on indique ; et ma tête répond de ce qu'on y verra de suspect : ou plutôt recevez ma déclaration qu'il n'y a aucune malle à moi dans la maison que vous citez. Seulement un ballot existe dans la maison d'un de mes amis, rue des Trois-Pavillons : ce sont des titres de propriétés que j'avais fait sauver, sur l'avis d'un pillage qui devait se faire chez moi, la nuit du 9 au 10 août, et dont j'ai donné connaissance à M. Pétion. Pendant qu'on cherche les cinq malles, faites chercher aussi mon ballot, sur cet ordre que je donne au domestique de mon ami de le livrer ; vous l'examinerez aussi : une autre malle de papiers et de vieux registres m'a été volée le jour même que ce ballot sortit de ma maison ; faites-là tambouriner, messieurs : je ne saurais aller plus loin. »

Tout cela fut exécuté. L'attestation me fut donnée, et signée de tous ces messieurs, sauf l'examen des malles et du ballot.

Ces messieurs se décidèrent à aller dîner, pour revenir à l'arrivée des malles ; et moi je restai prisionnier dans le bureau, avec un seul commis, à qui la garde était confiée. Comme ils allaient sortir, un homme très-échauffé, portant écharpe, entra, et dit qu'il avait dans la main des preuves de ma trahison, de l'affreux dessein où j'étais de livrer soixante mille fusils, qu'on m'avait bien payés, aux ennemis de la patrie. Il était comme un forcené sur ce qu'on me donnait une attestation du contraire. C'était M. Colmar, qui avait voulu m'enlever cette affaire des fusils, et de plus mon dénonciateur. Il m'injuria, me disant que mon cou y passerait, Je le veux bien, lui dis-je, pourvu que vous ne soyez pas mon juge.

Ils sortirent. Je restai là, réfléchissant bien tristement sur la bizarrerie de mon sort. Mon ballot arriva ; mais nulle nouvelle des cinq malles. Que vous dirai-je enfin, lecteur ? Je restai là trente-deux heures, et sans que personne y revînt. Le garçon de bureau en allant se coucher me dit qu'il ne pouvait me laisser seul dans le bureau la nuit. Il me remit debout dans mon couloir obscur. Sans la pitié d'un domestique que me jeta un matelas par terre, 'y serais mort de fatigue et d'horreur.

Au bout de trente-deux heures, personne n'étant revenu, des officiers municipaux, touchés de compassion, s'assemblèrent et me dirent : « M. Panis ne revient point ; peut-être est-il incommodé. En visitant les malles chez cette présidente, où l'on en a trouvé huit ou neuf, on a vu que c'étaient les guenilles qui appartiennent à des religieuses, à qui elle a donné retraite. Nous savons que vous êtes innocent de toutes les choses qu'on vous impute. En attendant que le bureau revienne, nous allons, par pitié, vous envoyer coucher chez vous. Demain matin, on visitera votre ballot, et vous aurez une attestation bien complète.

Et moi je dis à mon domestique qui pleurait : « Vas me faire apprêter un bain ; il y a cinq nuits que je ne repose point. » Il court. On me renvoie, mais avec deux gendarmes qui devaient me garder la nuit.

Le lendemain, je renvoyai l'un deux savoir si le bureau venait enfin de s'assembler, pour me donner l'attestation promise. Il revint avec d'autres gardes et l'ordre rigoureux de me conduire à l'Abbaye, au secret, avec défense expresse de m'y laisser parler à qui que ce soit du dehors, sans un ordre écrit de la municipalité. J'eus de la peine à retenir le désespoir de tout mon monde. Je les consolai de mon mieux, et je fus conduit en prison, où je me trouvai avec MM. d'Affry, Thierry, les Montmorin, Sombreuil et sa vertueuse fille, qui s'était enfermée avec son père dans ce cloaque ; l'abbé de Bois-Gélin, MM. Lally-Tollendal, Lenoir, trésorier des aumônes, vieillard de quatre-vingt-deux ans; M. Gibé, notaire ; enfin cent quatre-vingt-douze personnes encaquetées dans dix-huit petites chambres.

Une heure après mon arrivée, on vint me dire que l'on me demandait, avec un ordre de la municipalité. Je me rendis chez le concierge où je trouvai... M. Larcher, l'associé de Constantini et celui de tant d'autres. Il venait me renouveler les douces propositions qu'il m'avait déjà faites chez moi, et même de leur vendre tous mes fusils de Hollande... et je prendrais en paiement les 800,000 fr. que je venais, dit-il, de toucher à la trésorerie. A cette condition, je sortirais de l'Abbaye, et j'aurais mon attestation... Après un moment de silence, je dis froidement à cet homme : « Je ne fais point d'affaire en prison ; allez-vous-en dire cela aux ministres qui vous envoient, et qui savent aussi bien que moi, que je n'ai pas touché 1 sol des 800,000 fr. dont vous parlez ; sottise qu'on n'a répandue que pour me faire piller chez moi, la triste nuit du 10 août. — Vous n'avez pas touché, dit-il en se levant, 800,000 fr. depuis quinze jours ? — Non, dis-je, en lui tournant le dos. » Il prit la porte, et court encore. Je ne l'ai pas revu depuis...

Revenu dans la chambre avec les autres prisonniers, je leur racontai à tous ce qui venait de m'arriver, et je vis que moi seul en étais étonné.

L'un de ces messieurs nous disait : « Les ennemis ont pris Longwi : s'ils peuvent entrer dans Verdun, la terreur gagnera le peuple, et l'on en profitera pour nous faire égorger. — Je n'y vois que trop d'apparence, » lui dis-je en gémissant.

Le lendemain, on me fit passer en prison le billet que je vais copier. « Colmar, officier municipal, et celui qui a dit, en votre présence, avoir des preuves contre vous, est cause du nouvel ordre qui vous tient au secret. On nous promet de s'occuper de vous sans délai... Écrivez avec force au comité de la Mairie, que je ne quitte pas. »

Ce billet de mon neveu me fut remis par le concierge, à l'honneur duquel je dois dire qu'il adoucissait de son mieux le sort de tous ses prisonniers.

Je demande à mes compagnons d'infortune la liberté d'écrire un mémoire au comité de surveillance de la Mairie. M. Thierry me prêta du papier, M. d'Affry son portefeuille, pour me tenir lieu de bureau ; le jeune Montmorin, assis par terre, le soutenait pendant que j'écrivais. M. de Tolendal disputait avait l'abbé de Bois-Gélin, M. Gibé me regardait écrire ; M. Lenoir, à genoux, priait avec ferveur, et moi, j'écrivais ma requête...

Le lendemain, 29 août, sur les cinq heures du soir, nous philosophions tristement. M. d'Affry, ce vieillard vénérable, était sorti, de la veille, de l'Abbaye. Un guichetier vint m'appeler : « Monsieur Beaumarchais, on vous demande. — Qui me demande, mon ami ? — Monsieur Manuel, avec quelques municipaux. » Il s'en va. Nous nous regardons. M. Thierry me dit : « N'est-il pas de vos ennemis ? — Hélas ! leur dis-je, nous ne nous sommes jamais vus ; il est bien triste de commencer ainsi : cela est d'un terrible augure. Mon instant est-il arrivé? » Chacun baisse les yeux, se tait ; je passe chez le concierge, et je dis en entrant : « Qui de vous, messieurs, se nomme monsieur Manuel ? — C'est moi, me dit l'un d'eux en s'avançant. — Monsieur, lui dis-je, nous avons eu, sans nous connaître, un démêlé public sur mes contributions. Non-seulement, monsieur, je les payais exactement, mais même celles de beaucoup d'autres qui n'en avaient pas le moyen. Il faut que mon affaire soit devenue bien grave, pour que le procureur-syndic de la commune de Paris, laissant les affaires publiques, vienne ici s'occuper de moi. — Monsieur, dit-il, loin de les laisser là, c'est pour m'en occuper que je suis dans ce lieu ; et le premier devoir d'un officier public n'est-il pas de venir arracher de prison un innocent qu'on persécute? Votre dénonciateur, Colmar, est reconnu un gueux. Sa section lui a arraché l'écharpe dont il est indigne : il est chassé de la commune, et je le crois même en prison. C'est pour vous faire oublier notre débat public que j'ai demandé à la Commune de m'absenter une heure, pour venir vous tirer d'ici. Sortez à l'instant de ce lieu. » Je lui jetai mes bras au corps, sans pouvoir lui dire un seul mot ; mes yeux seuls lui peignaient mon âme : je crois qu'ils étaient énergiques, s'ils lui peignaient tout ce que je pensais....... Je n'oublierai jamais cet homme ni ce moment là *. Je sortis...

Le dimanche 2 septembre, n'ayant aucune réponse du ministre Lebrun, à qui j'avais demandé une audience pressante, toujours pour mon affaire interminable des fusils, j'apprends que la sortie de Paris est permise : fatigué de corps et d'esprit, je vais dîner à la campagne, à trois lieues de la ville, espérant revenir le soir. A quatre heures, l'on vient nous dire que la ville était refermée ; qu'on sonnait le tocsin, battait le générale, et que le peuple se portait avec fureur vers les prisons, pour massacrer les détenus. C'est bien alors que je criai dans ma gratitude exaltée : O Manuel ! ô Manuel !...

* Manuel, instituteur, commis de libraire, etc., avant la révolution ; puis, grâce aux jacobins, procureur-syndic de la commune de Paris ; auteur de quelques écrits, et éditeur des *Lettres à Sophie*, par Mirabeau, fut guillotiné. Un écrivain anonyme l'accuse d'avoir été l'un des chefs des massacres du mois de septembre 1792, et d'avoir reçu 30,000 fr. de Beaumarchais.

Mon ami m'invita d'accepter un gîte chez lui. Le lendemain, six heures du soir, un commandant des gardes nationales des environs, vint lui dire tout bas : « On sait que vous avez chez vous M. de Beaumarchais; les tueurs l'ont manqué cette nuit dans Paris; ils doivent venir la nuit prochaine ici, l'enlever de chez vous; et peut-être m'obligera-t-on de m'y rendre avec toute ma troupe... — Je le préviendrai de tout cela, dit mon ami : je vais lui parler au jardiu.

Je le vois arriver à moi, la figure pâle et défaite. Il me fait son triste récit : « Mon pauvre ami, dit-il, qu'allez-vous faire? — D'abord ce que je dois à l'ami qui me donne hospice : quitter votre maison pour qu'elle ne soit pas pillée. Si l'on vient me chercher ici, dites qu'on est venu me prendre; que je suis parti pour Paris. Adieu... Gardez mes gens et ma voiture, et moi je vais aller à ma mauvaise fortune. Ne disons pas un mot de plus; retournez au salon; n'y parlez plus de moi. » Il m'ouvre une petite grille, et me voilà marchant dans les terres labourées, fuyant tous les chemins. Enfin, dans la nuit, par la pluie, ayant fait trois lieues de traverse, je trouvai un asile chez de bonnes gens de campagne, à qui je ne déguisai rien, et dont je fus accueilli avec une hospitalité si touchante et si douce, que j'en étais ému aux larmes. Par eux, à travers vingt détours, j'eus des nouvelles de Paris. Les massacres duraient encore..... J'écrivis au ministre Lebrun.

Je ne sais si ce furent les grands mots que je répétai dans ma lettre, de « mémoire à l'Assemblée nationale, où je repousserais les torts sur ceux qui s'en rendraient coupables, » qui me valurent enfin, le 6 septembre, ce billet des bureaux : « Le ministre des affaires étrangères, a l'honneur de prier M. de Beaumarchais de venir, demain vendredi, le matin, à neuf heures, à l'hôtel de ce département, pour terminer l'affaire des fusils. Le ministre désire que le tout soit réglé avant dix heures du matin... »

Par les détours qu'il fallait prendre pour arriver à moi sans que je fusse dépisté, ce billet ne m'y vint que le lendemain à neuf heures, c'était celle du rendez-vous que M. Lebrun me donnait ; ce qui le rendait impossible, étant à cinq lieues de Paris, ne pouvant m'y rendre qu'à pied, seul, à travers les plaines labourées, pour n'y arriver que la nuit.

Une chose me frappa surtout dans ce billet : il se pouvait qu'on se fût bien douté, qu'étant caché hors de Paris, je ne viendrais pas en plein jour m'exposer à me faire tuer, et qu'alors on dirait que c'était bien ma faute si l'affaire n'était pas finie, ayant manqué le rendez-vous qu'on me donnait pour terminer.

Je répondis sur-le-champ à M. Lebrun que je le priais de changer l'heure de la conférence, et de la fixer à dix heures du soir, pour que je pusse arriver avec moins de danger de perdre la vie qu'en plein jour.

Ma lettre fut remise, et le ministre fit répondre verbalement, par son suisse, qu'il m'attendrait le lendemain samedi, à neuf heures précises du soir.

Je calculai qu'il me fallait quatre heures pour me rendre à Paris, à travers les terres labourées. Je partis le 8 septembre, à cinq heures du soir, à pied, de chez mes bonnes gens, qui voulaient me conduire ; ce que je refusai, crainte qu'on ne nous remarquât.

J'arrivai seul, mes forces épuisées, traversé de sueur, avec ma barbe de cinq jours, mon linge sale, en redingotte (comme à ma sortie de prison); j'étais à neuf heures précises à la porte de M. Lebrun. Le suisse me dit que le ministre ayant affaire en ce moment, me remettait à onze heures ce soir, ou demain matin, à mon choix. Je priai le suisse de lui dire que je reviendrais à onze heures, n'osant pas me montrer le jour.

Je ne pouvais attendre chez le ministre. Quelqu'un pouvait m'y voir, puis ébruiter mon retour. J'en sortis. Mais où aller? que faire en attendant ce rendez-vous? La crainte d'être rencontré par quelque patrouille incendiaire me fit résoudre à me cacher sur le boulevard, entre des tas de pierres et de moellons, où je m'assis par terre. Je m'admirais dans cet asile, où la fatigue m'endormit. Et, sans un tapage qui se fit assez près de moi, vers onze heures, on m'y aurait trouvé le lendemain matin.

J'entendis sonner l'heure, et je m'acheminai aux affaires étrangères.... O Dieu! jugez de ma douleur quand le suisse me dit que le ministre était couché ; qu'il m'attendrait le lendemain à neuf heures du matin. « Vous ne lui avez donc pas dit?... — Pardonnez-moi, monsieur, je lui ai dit...— Donnez-moi vite du papier. » J'écrivis une courte lettre, en dévorant ma frénésie. Je rappelais le danger que je craignais de courir en me montrant de jour, et je demandais un rendez-vous pour le lendemain, à la nuit close.

Le temps de me copier donna celui de m'amener un fiacre. J'arrivai chez moi à minuit. Je renvoyai le fiacre à six cents pas pour qu'il ne sût point qui j'étais. En rentrant, j'eus bien de la peine à modérer chez moi la joie de me voir encore vivant. Ce ne fut qu'après cinq ou six courses différentes faites sans résultat que je parvins à me tirer de cette affaire, qui eût pu facilement me conduire à l'échafaud, dans cette triste époque d'anarchie.

RELATION D'UNE DAME

Ce n'est pas dans la vaine prétention de fixer sur moi les yeux du public, que j'ai entrepris de tracer le récit qu'on va lire. Je cherche à goûter la triste, mais douce consolation qui reste aux malheureux, celle d'épancher leur douleur. J'ai voulu surtout remplir un devoir sacré, le seul dont je puisse m'acquitter envers la mémoire d'un homme dont la mort paraîtra affreuse à ceux qui n'attendent rien au-delà de ce monde visible ; mais que des yeux éclairés par la foi regarderont comme la digne récompense des vertus d'un prêtre respectable que le ciel, par une étonnante révolution, destinait, à la fin d'une carrière honorable et paisible, à cueillir la palme sanglante du martyre.

Avec une fortune médiocre, qui satisfaisait mes vœux, si je ne goûtais pas le bonheur, au moins je jouissais des plus grandes douceurs qui puissent soulager les peines d'un cœur sensible. L'affection, les tendres soins de deux oncles chéris répandaient la sérénité dans mon âme, et me faisaient sentir à chaque instant les charmes d'une pure amitié. L'un était ecclésiastique et l'autre militaire ; le premier joignait aux vertus de son état toutes les connaissances qu'il exige, et son érudition se montrait parée des fleurs d'une littérature aussi brillante que variée ; le second était rempli d'honneur et généralement estimé. Au mois de juillet 1791, il fut nommé par l'Assemblée, dite nationale, colonel du 15e régiment : c'est ici que commencent mes malheurs. J'espérais que cet oncle, qui m'était si cher, refuserait une place qu'il ne pouvait tenir que du roi ; mais le désir ardent de servir son maître l'égara sur le choix des moyens, et il accepta, parce qu'il crut par là pouvoir être utile au monarque infortuné dont il fut toujours le sujet fidèle.

J'avais écrit à ce brave et digne militaire une lettre où je lui exposais les raisons qui devaient l'éloigner de recevoir un commandement que lui déféraient des mandataires infidèles. Mon indignation m'avait dicté des expressions vives et énergiques : cette lettre fut égarée et parvint au comité des recherches. M. Voidel, qui faisait les fonctions de grand inquisiteur national, la garda soigneusement. Par bonheur elle est signée, et mon amour propre est flatté de ce que mon nom est au bas d'un écrit qui fait honneur à mes principes, et dans lequel j'ai eu le courage de braver le danger où m'exposait la manifestation de mes sentiments.

Mon oncle partit pour aller joindre son régiment, et j'eus tout à la fois à supporter la douleur que me causait son départ et le chagrin de voir qu'il s'écartait en apparence du chemin de l'honneur; je dis en apparence, car j'étais bien sûre de la pureté de ses intentions. Il partit à la fin d'août, et le 10 novembre j'eus le malheur de le perdre. Je n'essaierai pas de peindre l'état où je fus réduite par ce triste événement; hélas, mon cœur était destiné à recevoir une blessure bien plus cruelle encore.

Son frère, l'ecclésiastique, aussi affligé que moi, mais soutenu par la religion, ne fut occupé qu'à me donner toutes les consolations dont j'étais susceptible. Lorsqu'il me prodiguait tous les soins de la plus tendre affection, lorsque mon cœur donnait à ce cher oncle, avec sa part de mon respectueux attachement, celle dont son frère avait été l'objet, j'eus la douleur de voir mon consolateur tomber malade. Il fut mourant pendant près de trois mois; c'était mon tour de lui donner tous mes soins. Si son amitié pour moi les lui rendit agréables, ils devinrent aussi utiles à sa santé, et je le vis renaître. Hélas! combien cette jouissance devait être courte!

Le 25 août, à onze heures du soir, quatre cents

hommes armés vinrent enlever ce vieillard respectable qui, presque toujours retenu dans son lit, pouvait à peine faire usage de ses jambes. En le saisissant, il n'y eut pas d'outrages et d'insolences que le crime ne fit à la vertu; la malheureuse victime souffrit tout avec ce calme que donne la paix d'une bonne conscience, et toute la résignation d'un chrétien. Il fut conduit à la mairie où tout le monde feignit de ne pas connaître les prétextes de cette arrestation, pour laquelle effectivement aucun ordre ne se trouva consigné sur les registres, pas même son nom. Pétion, alors maire, refusa de l'entendre, et, sans autres formalités, on le conduisit à la prison de l'Abbaye.

Qu'on juge de ma situation pendant ces douloureux moments. Cependant l'Être-Suprême ne permit pas que je demeurasse accablée de ma douleur; il remplit mon cœur d'une nouvelle force. A sept heures du matin, je me rendis à la Ville; je vis Manuel et tous les assassins qui composaient alors la Commune; je leur parlai à tous. Aucun d'eux ne savait que M. l'abbé de Rastignac fût arrêté. Je sollicitai, comme une grâce bien chère, la permission de me constituer prisonnière avec mon oncle; on me la refusa durement. Combien les besoins de l'âme sont impérieux et qu'ils inspirent de courage! Depuis le dimanche jusqu'au mercredi suivant, je ne sortis de l'Hôtel-de-Ville que pour prendre quelques heures de sommeil. Le mardi on vint m'enlever arbitrairement de chez moi; on me traduisit à la section du Luxembourg, où je demeurai en état d'arrestation depuis deux heures après midi jusqu'à huit heures du soir. Enfin, le mercredi, à force d'importunités, j'obtins la permission si désirée. M. Sergent et autres me dirent que je commettais une imprudence, que les prisons n'étaient pas sûres. Ah! de pareils motifs pouvaient-ils m'arrêter? Je n'en étais que plus empressée à partager tous les périls de celui dont j'aurais voulu conserver les jours aux dépens des miens.

Je le vis enfin celui qui fut toujours pour moi un second père, je le serrai dans mes bras. Il me témoigna le plaisir que lui causait ma présence; mais sa joie était mêlée de la crainte qu'il avait de me voir souffrir auprès de lui. Hélas! je ne pouvais souffrir que de ses souffrances. Il était, lui septième, dans une chambre où l'on pouvait à peine se retourner. On y respirait un air infect qui achevait de dissoudre le sang d'un malheureux vieillard affaibli par l'âge et par les maladies. Ses yeux n'avaient encore pu se fermer un moment dans ce séjour horrible. Que n'aurais-je pas donné pour lui voir prendre une heure de repos! L'aspect affreux d'une prison, l'air corrompu que je respirais, la vue continuelle des prisonniers qui partageaient l'infortune de mon oncle, rien ne m'affectait; j'étais auprès de lui.

Le jeudi, le vendredi et le samedi se passèrent assez tranquillement. Tous les soirs, à dix heures, le concierge venait me chercher pour me faire coucher dans sa chambre, où étaient aussi madame la princesse de Tarente * et mademoiselle de Sombreuil.

Le dimanche, de très-grand matin, le concierge fit sortir de la prison sa femme et ses enfants. Cette précaution m'étonna, d'autant que je voyais de la consternation sur sa figure. Les autres jours, il était quelquefois plus de quatre heures que les prisonniers n'avaient pas encore eu leur dîner ; mais

* Le trait suivant prouve à quel point une femme peut porter le courage dans les plus terribles circonstances.

« Madame la princesse de Tarente est placée entre la vie et la mort par ses juges ; on lui promet la vie si elle veut accuser la reine ; loin de l'accuser, elle plaide sa cause. Elle est acquittée ; ce trait de vertu et d'énergie étonne ses propres assassins ; ils la laissent aller. »

Madame la princesse de Lamballe fut moins heureuse. Elle aussi refusa de jurer haine à la reine et au roi ! On se rappelle que sa tête fut portée sous les fenêtres de Louis XVI au Temple.

« Lorsqu'on lui montra cette tête, un soldat la lui fit remarquer avec une atroce affectation ; un autre soldat fit ce qu'il put pour lui cacher ce spectacle. On demanda au roi s'il reconnaîtrait le soldat qui s'était comporté avec tant de barbarie : *Non*, répondit-il, *mais bien parfaitement celui qui a marqué de la sensibilité.* » (Extrait de l'*Espion de la Révolution française*.)

ce jour, jour à jamais exécrable! on les fit dîner avant deux heures. Autre présage affreux! les guichetiers eurent le soin d'emporter tous les couteaux et toutes les fourchettes.

Enfin l'heure fatale sonne. Nous entendîmes des cris et des hurlements épouvantables. On nous dit que le peuple voulait forcer la prison; il s'est bien écoulé trois heures avant que les assassins y eussent pénétré. Si les officiers publics n'avaient pas consenti au massacre, ils auraient pu certainement l'empêcher. A l'entrée de la nuit, des gardes nationaux et le concierge vinrent m'arracher d'auprès de mon oncle. Je ne le vis plus. Je fus conduite dans une chambre où l'on avait mis toutes les femmes. Nous entendions les cris de joie des féroces meurtriers, et les gémissements des victimes qu'ils immolaient. Le concierge vint nous prévenir qu'il était forcé de sacrifier quelques prisonniers pour sauver les autres. Je lui dis que la vie de tous lui avait été confiée, et que son devoir était de les sauver tous ou de mourir. Je vis avec indignation que je n'étais pas écoutée. Hélas! dans quel lieu et à qui parlais-je de devoir et d'héroïsme? Toute la nuit se passa dans des angoisses plus cruelles que la mort.

A sept heures du matin (c'était le lundi), on nous annonça Manuel, qui eut l'air de désapprouver tout, mais qui n'empêcha rien; sa présence fut donc bien inutile ou bien funeste. Il passa une grande partie de la journée dans la prison. Comme j'avais été obligée de le voir pour obtenir la permission de partager la captivité de mon oncle, je lui exposai mes craintes sur le danger qui environnait l'objet de ma tendre vénération. « Soyez tranquille, Madame, me dit-il, il ne lui arrivera rien, j'en réponds sur ma tête. » Comme si sa tête et celle de tous ses semblables pouvaient payer celle que je pleure ! Il ajouta : « Ne parlez pas de votre oncle ; vous y feriez penser, et on l'oubliera. » Le concierge me promit alors que si l'on demandait mon oncle il viendrait m'avertir. Ah ! s'il avait tenu sa parole, j'eusse sauvé ce vieillard respectable, ou je serai morte avec lui.

Pendant que j'étais dans cette affreuse situation, où les minutes me paraissaient des heures, un guichetier m'apporta un billet de mon oncle qui se plaignait de ne m'avoir pas vue (hélas ! les bourreaux me tenaient enchaînée comme lui). Il me disait, cet oncle si chéri, qu'on allait le ramener chez lui, et me priait de m'y rendre le plus tôt possible pour abréger son inquiétude. il me chargeait du soin d'un portefeuille très-volumineux qui aurait pu l'embarrasser à cause de la peine qu'il avait à marcher. Ce portefeuille ne m'a point été remis, il a été volé.

A neuf heures du matin, on vint nous dire que tous ceux qui restaient avaient leur grâce. Nous étions à peu près une vingtaine. Les deux premiers qui sortirent furent massacrés. Un garde national, qui sans doute n'était pas du nombre des assassins, s'écria : « C'est un piége qu'on vous tend; remontez, et ne vous montrez pas. » C'est ainsi qu'il nous sauva la vie. Deux heures après, on vint nous annoncer que mademoiselle de Sombreuil, le modèle de toutes les vertus, avait sauvé la vie à son père. Quel spectacle touchant d'une tendresse filiale vraiment héroïque! Peut-on voir sans attendrissement et sans une vive admiration une fille entourée d'assassins, enlacer avec force dans ses bras le corps de son père qu'on veut massacrer, et demander aux bourreaux que leurs premiers coups tombent sur elle? O tendresse admirable, dont le souvenir durera autant que celui de ce jour à jamais détesté* !

* Legouvé, dans le *Mérite des femmes,* a célébré ce dévouement héroïque de la piété filiale.

.......Une fille, au printemps de son âge,
Sombreuil vient, éperdue, affronter le carnage.
C'est mon père, dit-elle ; arrêtez, inhumains! »
Elle tombe à leurs pieds; elle baise leurs mains,
Leurs mains teintes de sang! C'est peu. Doublant d'audace,
Tantôt elle retient un bras qui le menace,
Et tantôt s'offrant seule à l'homicide acier,
De son corps étendu le couvre tout entier.
Elle dispute aux coups ce vieillard qu'elle adore;
Elle le prend, le perd, et le reprend encore.
A ses pleurs, à ses cris, à ce grand dévouement
Les meurtriers émus s'arrêtent un moment.
Elle voit leur pitié, saisit l'instant prospère,
Du milieu des bourreaux elle enlève son père,
Et traverse les murs ensanglantés par eux,
Portant ce poids chéri dans ses bras généreux.

Mais Legouvé, dans son poëme, a négligé, ou a désespéré

Cet événement nous donna un peu de calme ; mais quelques minutes après, les assassins recommencèrent à égorger leurs victimes. Leurs bras s'étaient lassés, mais leur rage était insatiable de sang. Bientôt on vint chercher les femmes pour les conduire à l'interrogatoire. On nous mena dans un guichet où un grand nombre de prisonniers avaient déjà trouvé la mort. Les juges qui composaient le tribunal sanguinaire ne voulurent pas nous entendre ; on nous fit remonter dans notre chambre. Dès ce moment nous fûmes suivies par des hommes ensanglantés, armés de sabres et chargés de pistolets. L'ivresse du vin et celle du carnage étaient peintes sur leurs visages affreux, et éclataient dans leurs regards étincelants. Ils nous racontaient avec une joie barbare la manière dont on se défaisait des

de rendre une circonstance bien terrible. Les meurtriers présentèrent un verre de sang à mademoiselle de Sombreuil : il fallait le boire. La vie de son père était à ce prix. La strophe qu'on va lire est extraite d'une ode inédite composée par un jeune poëte.

S'élançant au travers des armes :
« Mes amis, respectez ses jours !
— Crois-tu nous fléchir par tes larmes ?
— Oh ! je vous bénirai toujours.
C'est sa fille qui vous implore.
Rendez-le moi ; qu'il vive encore !
— Vois-tu le fer déjà levé ;
Crains d'irriter notre colère,
Et si tu veux sauver ton père,
Bois ce sang..... — Mon père est sauvé !..... »

aristocrates, et la terreur dont nous étions frappées était pour ces cannibales un nouveau sujet de triomphe.

Dans cette horrible situation, mademoiselle Cazotte demanda avec instance à voir son père ; elle montra tant de sensibilité et une vertu si sublime, que cela lui fut accordé. On la conduisit dans la chambre où il était, et presque aussitôt on la ramena dans la nôtre. Quelques moments après, cette jeune personne si intéressante, entendant son père qui descendait pour subir son sort, s'élança au travers des gardes, s'attacha à ce vieillard infortuné, et il ne fut plus possible de l'en séparer. Elle déploya le même héroïsme dont mademoiselle de Sombreuil avait donné le rare modèle. Comme cette fille généreuse, mademoiselle Cazotte parvint à attendrir les meurtriers dont son père allait éprouver la fureur ; mais, hélas ! elle ne sauva cette tête blanchie par l'âge, que pour la voir quelques jours après livrée au fer des bourreaux. Horrible assassinat, qui, pour être revêtu des formes juridiques, n'en est que plus révoltant ! *

* Ce fut le 12 septembre qu'on l'emprisonna de nouveau. Sa fille passait les jours et les nuits à son côté. Déjà elle s'était assurée de ces mêmes Marseillais auxquels elle fut si redevable dans son premier danger. Elle commençait enfin à espérer, lorsqu'on vint la mettre au secret. Son zèle s'était fait tellement redouter des adversaires de Cazotte, qu'ils

A six heures du soir, ranimant mes forces, et n'écoutant que le désir de revoir mon oncle, je demandai avec ardeur de paraître devant le tribunal de sang, pour essayer de sortir enfin d'un lieu si funeste, ou de terminer une existence si insupportable. Je fus conduite par des hommes tout souillés des meurtres que leurs mains avaient commis. Je parvins à travers les sabres et les piques jusqu'au président. Cet homme, qui n'avait rien de l'humanité que la conformation de ses traits, était assis près d'une table, et environné de torches funèbres. Ses habits étaient couverts de sang, ses yeux égarés paraissaient avides du meurtre des malheureux dont le crime l'avait rendu le juge souverain; sur son front respirait la haine de toutes les vertus. Ce

n'avaient trouvé que ce moyen pour qu'il ne pût leur échapper une seconde fois. En effet, ils l'égorgèrent pendant l'absence de sa fille. Mademoiselle Cazotte n'apprit qu'en devenant libre une perte si douloureuse. Cazotte s'écria sur l'échafaud : « Je meurs comme j'ai vécu, fidèle à Dieu et à mon roi. »

Ses idées religieuses donnaient à ses sentiments la chaleur d'un enthousiasme surnaturel. Il allait à la mort comme les premiers chrétiens couraient au martyre. Il dit, avec une exaltation touchante, aux détenus qu'il laissait dans la prison : « Mes amis, je meurs content, si vous m'assurez que mon sort n'excite point votre envie. » Il croyait ne laisser parmi eux que des hommes prêts à lui disputer le mérite de son dévouement.

monstre, assis sur son trône érigé par la scélératesse, me dit : « Pour quelle raison êtes-vous ici? — Ce n'est point par un décret que je suis détenue; je me suis constituée volontairement prisonnière pour remplir les devoirs de la reconnaissance et de l'humanité. — Envers qui? — C'est pour donner mes soins à un vieillard respectable qui est mon oncle et mon bienfaiteur, l'ami et le soutien des malheureux. — Tout cela ne dit pas son nom. — C'est M. l'abbé de Chapt de Rastignac. — Vous avez fait une grande imprudence. — Non, monsieur, puisque je demande à partager son sort. — Vous êtes libre, et vous pouvez sortir. » Un des juges qui m'écoutait avec attention, me dit : Non, madame, ne sortez pas; le moment n'est pas favorable. Remontez dans votre chambre, et lorsque vous pourrez sortir sans danger, je vous ferai avertir. » Un homme en veste me dit alors : « N'écoutez pas cela ; si vous voulez vous en aller, je vais vous pousser, et vous serez bientôt sortie. » Lorsqu'on était poussé, c'était pour être assommé. J'ignorais, comme on pense bien, ces affreuses formalités. Entraînée par le désir de rejoindre mon oncle, je pris cet homme pour mon sauveur; je le suivis à ce fatal guichet où tant d'honnêtes gens sont morts avec gloire. Tout-à-coup je me sentis saisir par le bras que j'avais libre ; j'entends une voix qui me crie : « Vous ne sortirez pas. » Étrange effet de mon aveuglement ! je repoussais l'homme secourable qui voulait me sauver, et je secondais de toutes mes forces le bourreau qui m'entraînait au supplice. Cette lutte dura près de dix minutes; du moins cela me parut aussi long. Lorsque la porte fut ouverte, et que j'étais prête à franchir le passage fatal, l'homme qui me retenait toujours, cria : « Lâchez, ou je vous fais fusiller. » L'assassin ne se le fit pas dire deux fois. La personne à qui je dois la conservation de mes jours (si c'est un bienfait dans la triste position où je me trouve) se nomme M. Pochet, Que cet homme reçoive ici le tribut qui est dû à son humanité et à la persévérance avec laquelle il m'a arrachée au sort qui m'était réservé !

Je remontai dans ma chambre, accompagnée par mon libérateur qui me peignit alors le danger que je venais d'éviter. « Demeurez tranquille, me dit-il, je vais prendre un de mes camarades, me munir d'un ordre du président, et je vous sauverai. Je reviendrai vous chercher à neuf heures. » Je l'attendis avec patience ; j'étais toujours soutenue par l'espoir de revoir mon oncle.

Mon sauveur revint à l'heure qu'il m'avait indiquée. Il était avec un de ses camarades, humain comme lui. Ces deux braves gens me donnèrent leurs bras. La porte redoutable s'ouvre. Je me vois couverte de sabre sans pouvoir faire un mouvement. J'aperçois le sang qui coulait sous mes pas. Hélas !

sans doute mes pieds étaient couverts de ton sang..... Je marchais sur des bras...... des mains.... sur celles qui avaient été l'appui des malheureux, qui m'avaient tant de fois secourue !... O Dieu ! Dieu ! donnez-moi la force de supporter la douleur qui me déchire !... Mes sauveurs demandent ma grâce ; elle leur est accordée ; je n'étais pas digne de recevoir une mort si glorieuse.

Mes conducteurs, croyant que j'allais succomber au spectacle affreux dont je venais d'être témoin, me firent entrer dans un café. Je priai M. Pochet de continuer sa bonne œuvre, et de me conduire chez mon oncle. Cet honnête homme me demanda, pour toute récompense du service qu'il m'avait rendu, de lui permettre de passer avec moi chez sa femme, pour lui faire partager le bonheur qu'il avait eu de me sauver. Ah ! que mes parents, que mes amis m'aident à acquitter la dette sacrée que j'ai contractée envers ce digne homme. Je le suivis chez lui : c'est là que j'appris le malheur funeste qui sera pour moi une source éternelle de larmes. M. Pochet et sa femme me donnèrent tous leurs soins ; ils m'offrirent leur maison pour asile, en me disant que je ne trouverais plus dans la mienne ce que j'y cherchais... Mon malheureux oncle avait été massacré ! La plume tombe de ma main ; je laisse aux âmes sensibles à se représenter toute l'horreur de ma situation....

PAYSAC DE FAUSSE-LENDRY.

RELATION DE L'ABBÉ SICARD

INSTITUTEUR DES SOURDS ET MUETS

A UN DE SES AMIS

SUR LES DANGERS QU'IL A COURUS LES 2 ET 3 SEPTEMBRE 1792

Les malheureux événements des 2 et 3 septembre, dont j'étais une des victimes désignées, occupent dans mon souvenir une place trop importante pour que je ne sois pas toujours prêt à en faire le récit le plus exact. Mais vous ne vous contentez pas, ami trop sensible, de ce que je vous ai rapporté dans l'intimité de la confiance, vous voulez en avoir l'histoire par écrit. Je dois trop à votre bon cœur pour vous rien refuser. Je vais donc écrire cette histoire si déshonorante pour notre siècle, et dont la postérité concevra difficilement toutes les horreurs.

Le serment de la constitution civile du clergé,

exigé de tous les fonctionnaires publics ecclésiastiques, avait jeté dans le sanctuaire le germe d'une division fatale. L'Assemblée constituante, en décrétant l'obligation de ce serment, laissait les fonctionnaires libres de le prêter ou de le refuser. Le refus, au terme de la loi, valait une démission. Quelques-uns le prêtèrent. Le plus grand nombre s'y refusa et fut dépossédé. La loi laissait le choix entièrement libre ; et cependant on donna aux uns le titre de *bons citoyens;* les autres furent appelés *réfractaires.*

Dans le mois d'août 1792, la même Assemblée crut devoir commander un second serment qui fut appelé le serment de *la liberté* et de *l'égalité.* Le premier n'était point dans mes principes religieux, et on ne l'exigea pas de moi. Mais quand j'appris que l'on avait décrété un second serment, purement civil, je crus devoir en offrir la prestation que j'accompagnai d'un don civique de 200 livres.

C'était l'instant où la municipalité de Paris remplissait les prisons des malheureuses victimes dont elle avait projeté le massacre. Plusieurs sections arrêtèrent, par ses ordres, tous les prêtres appelés *réfractaires*, et ceux qu'on savait avoir quelques liaisons avec eux. Toutes les haines se réveillèrent, et nul homme de bien ne fut à l'abri de la suspicion.

Je n'avais qu'un seul ennemi dont je tairai le nom et l'intrigue, et qui me devait plus d'un bienfait. Il n'attendait que le moment de me perdre. Il

8*

se réunit à quelques factieux dont le 9 thermidor a puni les nombreux attentats. Il obtient un mandat contre moi, et l'on vient l'exécuter le 26 août 1792.

C'était le moment où j'allais faire la leçon des sourds et muets; j'étais occupé à ma correspondance, quand je vois entrer dans mon cabinet un menuisier du voisinage, nommé Mercier, accompagné d'un officier municipal, tous deux suivis d'environ soixante hommes, armés de fusils, de sabres et de piques. Mercier m'annonce qu'il vient, de la part de la Commune, pour me mettre en état d'arrestation. Je l'écoute de sangfroid, et lui demande s'il m'est permis de prendre les lettres que je viens d'écrire pour les envoyer à la poste. Mercier répond qu'il se saisit de mes lettres et qu'il faut même que je vide mes poches pour lui donner tout ce qui s'y trouve; qu'il va procéder à mettre le scellé sur tous mes effets. Je demande s'il me sera permis d'emporter mon bréviaire, et je prends en même temps un volume de plus, intitulé: *Religion chrétienne méditée dans le véritable esprit de ses maximes.* Mercier m'arrache ce livre des mains, et faisant effort pour en lire le titre, il dit à chaque mot: « C'est contre-révolutionnaire; il faut faire mention dans le procès-verbal que Sicard a voulu prendre ce livre et l'emporter à la place de son bréviaire. » Le menuisier fouilla dans toutes les armoires, en homme du métier, jusqu'à ôter tous les fonds, soupçonnant qu'il y eût quelque écrit digne de sa censure.

Enfin, quatre heures s'étant passées à l'examen et au scellé de mes effets, je suis mené avec tout cet appareil militaire au comité de ma section : c'était celle de l'Arsenal. Le comité était complet. Plusieurs membres, en me voyant arriver, ne purent se défendre d'une secrète joie. On me fait asseoir à l'écart ; on se regarde, et le rédacteur du procès-verbal demande tout bas au président : *Que dirons-nous pour motiver son arrestation ? — Il n'y a qu'à dire*, répondit le président, *qu'il faisait des rassemblements de prêtres chez lui.* Personne ne m'adressa la moindre parole. Mercier seul est interpellé pour savoir qui me conduirait à la mairie ? Celui-ci répond qu'il a du monde à dîner, et qu'il ne peut revenir que fort tard. On rit de son scrupule, et on l'invite à ne revenir qu'à sa commodité. *Sicard*, ajoute-t-on, *est fait pour attendre.*

On se retire et on me laisse sous la garde de quelques sans-culottes.

On revient à cinq heures pour m'amener au comité d'*exécution*. On me propose de prendre une voiture pour éviter les désagréments d'être conduit par des soldats. Je réponds à Mercier que si la honte est pour moi, je veux la subir tout entière ; que si elle est pour eux, je ne dois pas les y soustraire.

Nous marchons donc à pied vers la mairie, précédés et suivis de baïonnettes.

L'un des deux officiers ayant affaire dans une maison près la place de Grève, l'autre l'y suivit, et je me trouvai seul avec mes gardes, lorsqu'un de ces volontaires, étonné de voir ainsi mener en prison un homme dont l'extérieur tranquille n'annonçait rien de criminel, me demanda mon nom. Il ne l'eut pas plutôt entendu, qu'il leva les yeux et les mains vers les cieux, en s'écriant : « Quoi! c'est vous que l'on conduit en prison, vous, l'ami de l'humanité, le père, bien plus que l'instituteur des pauvres sourds et muets! Et de quoi vous accuse-t-on? Quel est donc votre crime? Ah! permettez-moi d'aller admirer vos travaux quand vous serez rendu à votre famille que votre détention va désoler. » Je supprime les plus flatteurs éloges que ce bon volontaire me prodigua, m'appelant, au gré de son enthousiasme, le digne successeur de l'abbé de l'Épée, l'émule de Locke, de Condillac, et m'honorant de divers autres titres illustres qui flattaient moins mon cœur que l'intérêt même que cet inconnu prenait à mon sort, ajoutant : « Et c'est vous, homme rare et précieux, que l'on emprisonne! » Lorsque mes deux satellites en chef revinrent, ils me traduisirent à la Mairie. Je fus introduit dans une salle basse où se tenait *le comité d'exécution*. Là, autour d'une grande table, des hommes à chevelure jacobite recevaient les prisonniers qui se succédaient dans cet antre, pour être inscrits et dépouillés des clefs de leurs secrétaires scellés par les exécuteurs de leurs ordres. On me fait signe de m'asseoir dans un coin. Mercier dit à l'un d'eux : « Voilà l'abbé Sicard que nous vous amenons ; nous en aurions bien d'autres à traduire, si nous avions de plus grands pouvoirs. — De plus grands pouvoirs, répond cet homme, vous n'y pensez pas ! Vous en donner de plus grands, serait borner ceux que vous avez déjà. Oubliez-vous donc que vous êtes les souverains, puisque la souveraineté du peuple vous est confiée, et que vous l'exercez en ce moment? Amenez-nous donc tous ceux que vous pourrez découvrir. »

J'étais à jeun, et il était six heures du soir, lorsqu'un piquet d'hommes eut ordre de me mener à la salle du dépôt. Je passai dans la salle d'enregistrement, où mon nom causa la même surprise qu'aux soldats de mon escorte. Enfin je monte à cette grande salle, qui, dans le temps où l'hôtel de la mairie était occupé par le premier président du parlement, servait de grenier à foin. Avant que d'entrer, les petits morceaux de papier qui servaient de sinets à mon bréviaire furent considérés avec une singulière attention. On les rapprochait, on tâchait d'y trouver quelques mots *contre-révolutionnaires* : enfin n'y trouvant rien, on me jeta dans cette grande salle remplie d'une foule d'hommes de toutes les classes, renfermés là sans savoir pour quelle faute. J'avance quelques pas au milieu d'eux, et aussitôt, un vieillard respectable, le curé de Saint-Jean en Grève, s'élance dans mes bras, et oubliant sa propre arrestation, il ne paraît occupé que de la mienne. Plusieurs détenus m'environnent; j'en reçois les mêmes témoignages d'intérêt. Je retrouve parmi eux plusieurs connaissances et quelques amis. Leur société m'offre les ressources de l'amitié la plus dévouée. La nuit arrive; je partage le lit de paille du respectable vieillard. J'essayais à peine ce lit de repos, lorsqu'on amène deux prisonniers chers à mon cœur, et employés à mon institution. L'un était un prêtre, mon instituteur adjoint, nommé Laurent, l'homme le plus doux, le plus vertueux et le plus courageux. L'autre était un surveillant laïque, nommé Labrouche, que son amitié pour moi avait rendu suspect. « Me voilà donc associé à votre persécution, comme je l'étais à vos principes, mon cher maître, me dit l'abbé Laurent; que je me trouve heureux d'avoir été jugé digne de souffrir persécution pour une si belle cause ! »

Cependant les sourds et muets mes élèves, auxquels j'avais été ravi, ne pouvaient se consoler de cet enlèvement. Ils vinrent le lendemain matin à ma prison me demander la permission de me réclamer à la barre de l'assemblée. Massieu *, en me voyant renfermé et gardé comme un criminel, fit, en présence des gardes de la prison, des signes d'un intérêt si touchant, qu'il les attendrit tous. Il me remit une copie de la pétition qu'il allait faire à l'Assemblée. En voici le précis :

« Monsieur le président, on a enlevé aux sourds et muets leur instituteur, leur nourricier et leur père. On l'a enfermé dans une prison, comme s'il était un voleur, un criminel. Cependant il n'a pas tué, il n'a pas volé. Il n'est pas mauvais citoyen. Toute sa vie se passe à nous instruire, à nous faire aimer la vertu et la patrie. Il est bon, juste et pur, Nous vous demandons sa liberté ; rendez-le à ses enfants, car nous sommes ses fils. Il nous aime comme s'il était notre père. C'est lui qui nous a appris ce que nous savons. Sans lui nous serions comme des animaux. Depuis qu'on nous l'a ôté, nous sommes tristes et chagrins. Rendez-nous-le ; vous nous ferez heureux. »

Cette lettre, portée à la barre par Massieu, fut lue par un secrétaire et couverte d'applaudissements. Un décret fut rendu, qui ordonnait au ministre de l'intérieur de rendre compte, au plus tôt,

* Tous ceux qui connaissent mes leçons connaissent les talents distingués de ce jeune sourd et muet, aussi intéressant par les diverses conceptions de son esprit que par les affections de son cœur.

à l'Assemblée, des motifs de l'arrestation de l'instituteur des sourds et muets.

Un jeune homme, appelé Duhamel, nommé depuis un de mes adjoints, alla se joindre aux sourds et muets à la barre, s'offrit en ôtage, et demanda à pouvoir se constituer prisonnier à ma place. Ce trait de courage fut très-applaudi.

Cependant les jours se passent sans que le décret rendu en ma faveur reçoive aucune exécution. Nous touchions au 2 septembre, quarante-huit heures avant le terrible discernement qui devait se faire dans la prison de la Mairie. Manuel, alors procureur de la Commune, est annoncé : il est aussitôt entouré de la plupart des prisonniers qui espéraient savoir de lui quelque chose de positif sur leur destinée. Voici le discours perfide que leur tint ce scélérat : « Je viens, Messieurs, vous apporter des paroles de paix et de consolation ; dans trente-six heures vous recevrez de la municipalité le détail des mesures d'exécution de la loi de déportation, à laquelle sont condamnés tous ceux qui n'ont pas fait le serment civique, et douze heures après vous serez libres, et vous aurez quinze jours pour vous préparer à votre voyage. Mais il faudra que chacun prouve qu'il est prêtre ; car l'avantage de sortir en ce moment de la France est une faveur que bien des gens envieraient. »

Quelques détenus se montrant sensibles à l'honnêteté prétendue d'un tel discours, en furent improuvés par le plus grand nombre qui n'osèrent trop se fier aux paroles d'un Manuel.

Nos moments s'écoulaient dans la paix et la tranquillité de nos âmes. Nos entretiens, exempts du moindre sentiment haineux, et n'ayant pour but que notre propre réforme, roulaient sur la morale, sur nos devoirs, sur l'espérance que nos principes, comme nos intentions, seraient un jour mieux connus, et qu'on leur rendrait alors plus de justice. Chacun faisait ensuite des projets pour l'avenir. Je resolus, si l'on me déportait, de me retirer dans une ville capitale, où l'on me pressait d'aller fonder un établissement pour les sourds et muets. Je l'écrivais à un de mes amis. Il était question de faire passer cette lettre, elle fut arrêtée à la porte. L'officier de garde me dit en la lisant : « Que cette lettre ne pouvait passer; qu'il ne pouvait être permis à aucun Français d'aller porter à des étrangers une découverte quelconque. — Oh! lui dis-je, si vous saviez ce que c'est que cette découverte; c'est l'art d'instruire les pauvres sourds et muets. — Oh! si ce n'est que cela, me répondit-il, votre lettre peut passer et vous pourrez partir. »

L'annonce de Manuel se réalisa en partie. Nous reçûmes la publication de la loi de déportation avec les mesures d'exécution arrêtées par la municipalité. Douze heures se passent encore. L'on ne parle plus que des préparatifs du départ et des moyens de se rendre son exil plus tolérable. Trois commissaires se présentent le samedi, veille du 2 septembre, pour prendre les noms de ceux qui vont être mis en liberté. On les entoure, on les presse. C'est à qui donnera son nom pour le faire inscrire sur la fatale liste. Un de mes adjoints, Laurent, est le premier. Je causais avec un nouvel ami que je m'étais fait dans les prisons, lorsqu'on vient me reprocher ma lenteur à me faire inscrire. Je m'avance, et je donne mon nom. On l'écrit ; il me vint alors à l'idée d'ajouter que je suis l'instituteur des sourds et muets. On me dit que je ne puis sortir ce jour-là avec les autres, et l'on efface mon nom. Le surveillant Labrouche veut donner le sien ; on lui demande s'il est employé dans mon institution, et sur sa réponse affirmative on refuse de l'inscrire.

Que fallait-il penser d'une exception aussi extraordinaire? Je crus que les motifs de mon arrestation n'étant pas encore communiqués à l'Assemblée, j'étais retenu jusqu'à ce qu'ils le fussent. Tous mes camarades, devenus mes amis, me quittèrent en m'embrassant. Tous me témoignèrent leur douleur de me laisser. Un d'eux surtout me donna les plus grandes marques de tendresse. Rien ne rapproche tant que l'idée d'infortune. « Nos deux âmes, me dit-il, s'étaient collées l'une à l'autre, elles s'étaient otuchées par tous les points. Je viendrai vous revoir, ajoutait-il. Mon cœur demeure auprès de vous : nous ne pouvons plus vivre séparés. »

Toute la prison devint en un instant un vrai désert. J'y étais resté seul avec le surveillant Labrouche et un ancien avocat au parlement de Paris, nommé Martin de Marivaux. Cette salle énorme me parut couverte d'un voile funèbre, et rien ne fut plus triste pour moi que cette affreuse solitude.

Mais bientôt elle devait être remplie par de nouvelles victimes. La nuit du 1er au 2 septembre, je vis arriver vingt-quatre prisonniers qui prirent la place de ceux qui m'avaient quitté. Je crus que mes camarades avaient obtenu leur liberté et qu'ils s'étaient retirés chez eux.

Quelle fut ma surprise, quand le lendemain, ceux qui venaient régulièrement visiter leurs amis dans la prison revinrent pour les voir. « Vous les trouverez chez eux, disais-je à tous ceux qui se présentaient ; on vint hier au soir les mettre en liberté. — Ils ne sont pas chez eux, me répondirent-ils, nous en venons. — Peut-être ont-ils été transférés dans une autre prison. » Ils étaient en effet à l'Abbaye. On revint m'en apporter la fâcheuse nouvelle. J'en fus consterné.

Cependant le ministre de l'intérieur avait fait demander à Pétion, alors maire de Paris, les motifs de mon arrestation. Il avait répondu que cela ne le regardait pas ; qu'il fallait s'adresser au *comité d'exé-*

cution. Le comité répondit à son tour que les scellés ayant été apposés sur mes papiers, on ne pouvait rendre compte de ces motifs. C'était un prétexte imaginé pour justifier le refus. On n'ignorait pas à la mairie que l'Assemblée législative voulait me sauver, si mes accusateurs ne pouvaient rien prouver contre moi ; et l'on voyait bien que les motifs de mon arrestation ne seraient pas trouvés suffisants. L'assemblée générale de la section de l'Arsenal avait d'ailleurs rendu la veille un arrêté qui invitait toutes les autorités constituées *à me faire subir la loi dans toute son étendue;* « attendu qu'il était prouvé que j'étais un fauteur de la tyrannie ; que j'entretenais correspondance avec les tyrans coalisés ; qu'il fallait se hâter de me destituer et de me remplacer par le savant et modeste Salvan. » Il fut dit, en outre, que cet arrêté serait porté sur-le-champ à tous les guichetiers des prisons, à la commune, etc.

On doit se rappeler qu'au moment où l'on vint opérer la translation des prisonniers de la mairie à l'Abbaye, je fus excepté du nombre des transférés. Il est évident que l'on voulait alors me sauver. Mais l'arrêté, rendu par trois scélérats de la section de l'Arsenal, dans la nuit qui précéda le 2 septembre, avait changé toutes ces bonnes dispositions. Ma perte venait une seconde fois d'être jurée. Déjà on se disposait à l'affreux massacre ; nous touchions au moment fatal. On nous apporte à dîner, il était deux heures ; on entend tirer le canon d'alarme, chacun des prisonniers s'en étonne, un trouble subit agite toutes les âmes. Tout y jette l'épouvante et l'horreur ; un de nous, inquiet, agité, se porte vers une fenêtre ; il distingue plusieurs soldats dans la cour de la mairie. Il leur demande la cause de ce canon d'alarme : « C'est, lui dit-on, la prise de Verdun par les Prussiens. » C'était une fausseté ; Verdun ne fut pris que quelques jours après. Tout le monde sait aujourd'hui que le canon d'alarme devait, dans ce jour de sang, être le signal du massacre. Tous les assassins avaient ordre de commencer les égorgements au troisième coup.

A l'instant même des soldats avignonnais et marseillais se précipitent en foule dans notre prison. Ils renversent les tables, nous saisissent et nous jettent dehors, sans nous donner le temps de prendre nos effets. Réunis dans la cour, ils nous annoncent qu'on va nous conduire à l'Abbaye où nos camarades avaient été transférés la veille. Ils nous proposent de nous y rendre en voiture ou à pied. Martin de Marivaux demande d'y aller en voiture. J'étais perdu, avant d'y arriver, si j'avais préféré tout autre moyen. On fait venir six voitures ; nous étions vingt-quatre prisonniers. Ici tous les détails deviennent précieux, c'est à la réunion des moindres événements que j'ai dû ma vie. J'allais laisser mes camarades prendre les premières places de la première voiture, et il importait à mes jours de choisir la première. Martin de Marivaux me fit monter ; il prit la deuxième place, puis un autre la troisième. Nous occupions le fond ; Labrouche, surveillant de mon institution, prit la quatrième ; deux autres prisonniers montèrent après lui. Nous voilà six dans cette première voiture ; les autres prisonniers remplissent les cinq autres. On donne le signal du départ, en recommandant à tous les cochers d'aller très-lentement, sous peine d'être massacrés sur leurs siéges, et, en nous adressant mille injures, les soldats qui devaient nous accompagner, nous annoncent que nous n'arriverons pas jusqu'à l'Abbaye ; que le peuple, à qui ils vont nous livrer, se fera enfin justice de ses ennemis, et nous égorgera dans la route. Ces mots terribles étaient accompagnés de tous les accents de la rage, et de coups de sabres, de coups de piques que ces scélérats assénaient sur chacun de nous. Les voitures marchent : bientôt le peuple se rassemble et nous suit en nous insultant : « Oui, disent les soldats, ce sont vos ennemis, les complices de ceux qui ont livré Verdun ; ceux qui n'attendaient que votre départ pour égorger vos enfants et vos femmes. Voilà nos sabres et nos piques ; donnez la mort à ces monstres. »

Qu'on imagine combien le canon d'alarme, la nouvelle de la prise de Verdun et ces discours provocateurs durent exciter le caractère naturellement irascible d'une populace égarée à laquelle on nous dénonçait comme ses plus cruels ennemis. Cette multitude effrénée grossissait, de la manière la plus effrayante, à mesure que nous avancions vers l'Abbaye par le Pont-Neuf, la rue Dauphine et le carrefour de Buci. Nous voulûmes fermer les portières de la voiture ; on nous força de les laisser ouvertes, pour avoir le plaisir de nous outrager. Un de mes camarades reçut un coup de sabre sur l'épaule ; un autre fut blessé à la joue ; un autre au-dessus du nez. J'occupais une des places dans le fond ; mes compagnons recevaient les coups qu'on dirigeait contre moi. Qu'on se peigne, s'il se peut, la situation de mon âme, pendant ce pénible voyage..... Le sang de mes camarades commençant à couler sous mes yeux, sans défense au milieu d'une populace excitée par ceux même qui semblaient préposés à notre garde, je croyais à chaque instant que nous allions être massacrés. Eh ! quelle raison y avait-il pour que cela ne fût pas ? Qui pouvait s'y opposer ?

Enfin nous arrivons à l'Abbaye ; les égorgeurs nous y attendaient. C'était par nous qu'ils avaient ordre de commencer. La cour était pleine d'une foule immense : on entoure nos voitures ; un de nos camarades croit pouvoir s'échapper, il ouvre la portière et s'élance au milieu de la foule ; il est aussitôt égorgé ; un second fait le même essai ; il fend la presse et allait se sauver, mais les égorgeurs tombent sur cette nouvelle victime, et le sang coule encore ; un troisième n'est pas plus épargné. La voiture avançait vers la salle du comité ; un quatrième veut également sortir, il reçoit un coup de sabre qui ne l'empêche pas de se retirer et de chercher un asile dans le comité. Les égorgeurs imaginent qu'il n'y a plus rien à faire dans cette première voiture ; ils ont tué trois prisonniers, ils ont blessé le quatrième, ils ne croient pas qu'il y en ait un de plus, et ils se portent avec la même rage sur la seconde voiture.

Revenu de cette stupeur dans laquelle le massacre de mes camarades m'avait jeté, je ne vois plus à mes côtés les monstres qui assouvissaient leur fureur et leur rage sur d'autres infortunés. Je saisis le moment ; je m'élance de la voiture, et je me précipite dans les bras des membres du comité. « Ah ! messieurs, leur dis-je, sauvez un malheureux ! » Les commissaires me rejettent. « Allez-vous-en, me dirent-ils, voulez-vous nous faire massacrer ? » J'étais perdu, si l'un d'eux ne m'eût reconnu. « Ah ! s'écria-t-il, c'est l'abbé Sicard. Eh ! comment étiez-vous là ? Entrez, nous vous sauverons aussi longtemps que nous pourrons. » J'entre dans la salle du comité, où j'aurais été en sûreté avec le seul de mes camarades qui s'était sauvé ; mais une femme m'avait vu entrer. Elle court me dénoncer aux égorgeurs. Ceux-ci continuaient leurs massacres. Je me crus oublié pendant quelques minutes ; mais voilà qu'on frappe rudement à la porte, et que l'on demande les deux prisonniers. Je me crois perdu ; je tire ma montre et je la présente à l'un des commissaires. « Vous la remettrez, lui dis-je, au premier sourd et muet qui viendra vous demander de mes nouvelles. » J'étais bien sûr que cette montre irait à sa destination. Je connaissais l'attachement de Massieu (l'élève si cher à mon cœur, déjà nommé); c'était le nommer que de faire cette recommandation.

Le commissaire refuse la montre. « Il n'est pas temps de prendre ainsi votre parti, le danger n'est pas encore assez pressant, me dit-il, je vous avertirai. »

Cependant les coups bientôt redoublèrent à la porte. On est près de l'enfoncer. Je présente une seconde fois ma montre avec la même prière : « A présent, me dit le commissaire, à la bonne heure ; je la remettrai à celui que vous dites. »

La remise de ma montre était une espèce de testament de mort. Il ne me restait plus rien à laisser à mes amis. Je me mis à genoux, et je fis à Dieu le sacrifice de ma vie. A peine eus-je fini mon offrande, je me lève, j'embrasse mon dernier camarade : « Serrons-nous, mourons ensemble, la porte va s'ouvrir, les bourreaux sont là, lui dis-je, nous n'avons pas à vivre cinq minutes. » Enfin la porte s'ouvre. Quels hommes se précipitent sur nous! Quelle rage! Leur fureur les égare quelques moments. J'étais au milieu des commissaires, vêtu comme eux, peut-être moins agité et l'âme plus tranquille. Ils s'y trompèrent d'abord; mais un prisonnier qui s'était échappé, et que les flots de cette horrible horde avaient transporté dans la salle, est reconnu. Je le suis aussi; deux hommes à piques s'écrient : « Les voici ces deux b...... que nous cherchons. » Aussitôt l'un prend ce prisonnier aux cheveux, et l'autre enfonce à l'instant sa pique contre sa poitrine, et le renverse mort à mes côtés; son sang ruisselle dans la salle, et le mien allait couler; déjà la pique était lancée, quand un homme, dont le nom doit m'être si cher, averti par ses enfants qu'on massacrait à l'Abbaye, et qu'on parlait de l'abbé Sicard, accourt, fend la foule, et, se précipitant entre la pique et moi, découvre sa poitrine : « Voilà, dit-il au monstre qui allait m'égorger, voilà la poitrine par où il faut passer pour aller à celle-là. C'est l'abbé Sicard, un des hommes les plus utiles à son pays, le père des sourds et muets : il faut passer sur mon corps pour aller jusqu'à lui. »

Ces mots, prononcés avec l'accent du courage et du patriotisme, firent tomber la pique des mains du meurtrier. Mais ce n'était là qu'un danger évité.

La rage était sur tous les visages, et je n'aurais fait que retarder ma perte, quand je m'avisai d'un moyen qui pouvait l'accélérer, si la Providence m'avait inspiré moins de sangfroid et de courage.

Presque tous les égorgeurs étaient dans la cour intérieure sur laquelle donnaient les croisées du comité. C'étaient ceux-là qu'il fallait gagner : ils étaient pour moi les seuls arbitres de la mort et de la vie. Je monte sur une croisée, et là, demandant un moment de silence à une troupe effrénée, je la harangue ainsi : « Mes amis, voici un innocent; le ferez-vous mourir sans l'avoir entendu? — Vous étiez, s'écrièrent-ils, avec les autres que nous venons de tuer; donc vous êtes coupable comme eux. — Écoutez-moi un instant, répliquai-je, et, si après m'avoir entendu, vous décidez ma mort, je ne m'en plaindrai point. Ma vie est à vous. Apprenez plutôt qui je suis, ce que je fais, et puis vous prononcerez sur mon sort. Je suis l'abbé Sicard... » (Ici plusieurs personnes s'écrient : « C'est l'abbé Sicard, le père des sourds et muets, il faut l'écouter ! ») Je continue : « J'instruis les sourds et muets de naissance, et, comme le nombre de ces infortunés est plus grand chez les pauvres que chez les riches, je suis plus à vous qu'aux riches... » Je suis interrompu par une voix qui s'écrie : « Il faut sauver l'abbé Sicard, c'est un homme trop utile pour le faire périr. Sa vie tout entière est employée à faire de grandes œuvres ; non, il n'a pas le temps d'être conspirateur. » Tous répètent ces dernières paroles, et tous ajoutent à la fois : « Il faut le sauver ! il faut le sauver ! »

Aussitôt les égorgeurs, qui attendaient derrière moi l'effet de mon discours, me prennent dans leurs bras et me portent au milieu de cette troupe de meurtriers, qui tous m'embrassent et me proposent de me reconduire en triomphe chez moi. Comment se peut-il que je me refusasse à cette proposition qui me rendait aussitôt à la vie et à la liberté ? Un scrupule de justice m'engage à préférer une prison nouvelle. Je dis à mes juges, qui voulaient être mes sauveurs, « qu'une autorité constituée m'avait fait prisonnier, que je ne pouvais cesser de l'être que par un jugement légal d'une autorité constituée. » On me pressa, je résistai : on me ramena au comité ; j'y retrouve cet énergique patriote, cet horloger courageux qui me fit un rempart de son corps. Je lui demande son adresse et son nom, et aussitôt, sans l'en prévenir (sa modestie ne l'aurait pas permis), j'écris au président de l'Assemblée la lettre suivante :

« Monsieur le président,

« L'Assemblée nationale n'apprendra pas sans douleur le massacre de plusieurs citoyens qui, détenus depuis plusieurs jours à la chambre d'arrêt de la mairie, étaient transférés à celle de l'Abbaye-Saint-Germain-des-Prés. Je m'empresse de faire entendre la faible voix de ma reconnaissance en faveur du citoyen courageux à qui je dois la vie : c'est Monnot, horloger, rue des Petits-Augustins.

« Dix-sept infortunés avaient été égorgés sous mes yeux. La force publique n'avait pu les sauver, et j'allais périr comme eux. Le brave Monnot s'est placé devant moi ; il a découvert sa poitrine et a dit :

« Voilà, concitoyens, la poitrine qu'il faut frap-
« per avant d'aller jusqu'à celle de ce bon citoyen.
« Vous ne le connaissez pas, mes amis ! Vous allez
« le respecter, l'aimer, tomber aux pieds de cet
« homme sensible et bon, quand vous saurez son
« nom. C'est le successeur de l'abbé de l'Épée,
« l'abbé Sicard. » Le peuple ne se calmait pas ; il croyait qu'on voulait, sous mon nom, sauver la vie d'un traître. J'ai osé m'avancer moi-même, et, monté sur une estrade, parler au peuple, n'ayant pour toute défense que le courage de l'innocence et ma confiance ferme dans ce peuple égaré.

« J'ai dit mon nom et mes fonctions. Je me suis prévalu de la protection spéciale de l'Assemblée nationale en faveur de l'institution des sourds et muets et du chef de cette institution. Des applaudissements réitérés ont succédé à des cris de rage. J'ai été mis, par le peuple lui-même, sous la sauvegarde de la loi, et accueilli comme un bienfaiteur de l'humanité par tous les commissaires de la section des Quatre-Nations, qui doit être glorieuse d'avoir des Monnot dans son sein.

« Permettez, monsieur le président, que je confie à l'Assemblée nationale le témoignage de ma reconnaissance pour donner à une action aussi généreuse la plus grande publicité possible. Une nation chez laquelle des citoyens tels que ceux à qui je dois la vie, ne sont pas rares, doit être invincible. Raconter de pareils actes d'héroïsme, est remplir un devoir. Les sentir, sans pouvoir exprimer l'admiration qu'ils excitent, et ne jamais les oublier, c'est l'état de mon âme, plus satisfait de vivre avec de pareils citoyens que d'avoir échappé à la mort.

« Je suis, etc.

« A l'Abbaye-Saint-Germain, le 2 septembre 1792. »

Cette lettre fut apportée au président de l'Assemblée législative par un des concierges de l'Abbaye. Elle fut lue publiquement, et suivie d'un décret qui déclarait que Monnot, pour avoir sauvé l'instituteur des sourds et muets, avait bien mérité de la patrie. On m'envoya trois copies de ce décret : une pour mon libérateur, une pour le comité de la section, une pour moi *.

* *Décret de l'Assemblée nationale, du 2 septembre 1792, l'an IVe de la liberté.*

Un secrétaire lit une lettre de M. Sicard, instituteur des

Le comité était alors rassemblé. On massacrait sous ses fenêtres, dans les cours de l'Abbaye, tous les prisonniers qu'on allait chercher dans la grande prison, et les membres du comité délibéraient tranquillement et sans se troubler sur les affaires publiques, et sans faire aucune attention aux cris des victimes dont le sang ruisselait dans la cour. On apportait sur la table du comité les bijoux, les portefeuilles, les mouchoirs dégouttants de sang, trouvés dans les poches de ces infortunés. J'étais assis autour de cette même table ; on me vit frémir à cette vue. Le président (le citoyen Jourdan), témoigna le même sentiment. Un des commissaires, nous adressant la parole : « Le sang des ennemis, nous dit-il, est, pour les yeux des patriotes, l'objet qui les flatte le plus. » Le président Jourdan et

sourds et muets, détenu à l'Abbaye-Saint-Germain-des-Prés : il dépose dans le sein de l'Assemblée le danger qui vient de menacer ses jours, le dévouement héroïque de M. Monnot, horloger, qui a exposé sa vie pour le sauver, et la reconnaissance profonde qu'il ressent pour son généreux libérateur.

L'Assemblée nationale reconnaît solennellement que le citoyen *Monnot* a bien mérité de la patrie, et décrète qu'un extrait du procès-verbal lui sera envoyé.

Collationné à l'original, par nous président et secrétaires de l'Assemblée nationale ; à Paris, le 2 septembre 1792, l'an IVe de la liberté.

HÉRAULT, *président*. GOSSELIN, ROMME, *secrétaires*.

moi nous ne pûmes retenir un mouvement d'horreur.

Un de ces bourreaux, les bras retroussés, armé d'un sabre fumant de sang, entre dans l'enceinte où délibérait ce comité : « Je viens vous demander pour nos braves frères d'armes qui égorgent ces aristocrates, s'écrie-t-il, les souliers que ceux-ci ont à leurs pieds... Nos braves frères sont nu-pieds, et ils partent demain pour les frontières. » Les délibérants se regardent, et ils répondirent tous à la fois : « Rien n'est plus juste ; accordé. »

A cette demande en succède une autre : « Nos braves frères travaillent depuis longtemps dans la cour, s'écrie un autre égorgeur qui entre tout essoufflé au comité, ils sont tous fatigués, leurs lèvres sont sèches ; je viens vous demander du vin pour eux. » Le comité arrête qu'il leur sera délivré un *bon* pour vingt-quatre pots de vin.

Quelques minutes après, le même homme vient renouveler la même demande. Il obtient encore un autre *bon*. Aussitôt entre un marchand de vin, qui vient se plaindre de ce que l'on donne la *pratique* aux marchands étrangers, quand il y a quelque *bonne fête* : on l'apaise en lui permettant d'envoyer aussi de son vin aux braves frères qui *travaillaient* dans la cour.

On annonce un commissaire de la Commune, qui, par son ordre, parcourait les différentes sections. Il entre et adresse ces mots au comité : « La Commune vous fait dire que, si vous avez besoin de secours, elle vous en enverra. — Non, lui répondirent les commissaires, tout se passe bien chez nous. — Je viens, répliqua-t-il, des Carmes et des autres prisons, tout s'y passe également bien. »

Cette réponse expliquera à ceux qui pourraient l'ignorer encore, quelle part prenait aux événements de cette affreuse journée la Commune de Paris.

La nuit étant déjà fort avancée, je demandai au comité la permission de me retirer. On ne savait trop où m'envoyer. Le concierge de l'Abbaye offrit de me donner asile chez lui. Je préférai d'être mis dans une petite maison qu'on nommait *le violon,* et qui était à côté de la salle du comité. Ce fut encore ici une marque signalée de la protection divine; car si je m'étais retiré chez le concierge, j'aurais péri comme deux autres infortunés qui y allèrent sur mon refus, et qui y furent massacrés.

Quelle nuit que celle que je passai dans cette prison! Les massacres se faisaient sous ma fenêtre. Les cris des victimes, les coups de sabre qu'on frappait sur ces têtes innocentes, les hurlements des égorgeurs, les applaudissements des témoins de ces scènes d'horreur, tout retentissait jusque dans mon cœur. Je distinguais la voix même de mes camarades qu'on était venu chercher la veille à la Mairie. J'entendais leurs questions et leurs réponses. On leur demandait s'ils avaient fait le serment civique. Aucun ne l'avait fait ; tous pouvaient échapper à la mort par un mensonge; tous disaient en mourant : « Nous sommes soumis à vos lois, nous mourons tous fidèles à votre constitution ; nous n'en exceptons que ce qui regarde la religion et intéresse nos consciences. »

Ils étaient aussitôt percés de mille coups, au milieu des vociférations les plus horribles. Les spectateurs criaient, en applaudissant : *Vive la nation !* et ces cannibales faisaient des danses abominables autour de chaque cadavre.

Vers les trois heures du matin, quand il n'y eut plus personne à égorger, les meurtriers se ressouvinrent qu'il y avait quelques prisonniers *au violon ;* ils vinrent frapper à la petite porte qui donnait sur la cour. Chaque coup était pour nous une annonce de mort. Nous nous crûmes perdus. Je frappai doucement à la porte qui communiquait à la salle du comité, et en frappant je tremblais d'être entendu par les massacreurs qui menaçaient d'enfoncer l'autre porte. Les commissaires nous répondirent brutalement qu'ils n'avaient point de clef. Il fallut donc attendre patiemment notre affreuse destinée.

Nous étions trois dans cette prison. Mes deux camarades crurent apercevoir au-dessus de notre tête un plancher qui nous offrait un moyen de salut. Mais ce plancher était très-haut. Un seul pouvait y atteindre en montant sur les épaules des deux autres. L'un d'eux m'adressa ces paroles : « Un seul de nous peut se sauver là-haut ; vous êtes sur la terre plus utile que nous, il faut que ce soit vous. Nous allons de nos deux corps vous former une échelle ; » ils s'élevèrent l'un sur l'autre.

— « Non, dis-je à ces généreuses victimes, je ne profiterai pas d'un avantage que vous ne partageriez pas. Si vous ne pouvez vous sauver par la voie que vous m'offrez, je saurai mourir avec vous. Il faut ou nous sauver ensemble ou mourir tous ensemble. » Ce combat de générosité et de dévouement dura quelques minutes ; ils me rappelèrent les sourds et muets que ma mort rendait orphelins ; ils exagérèrent même le peu de bien que je pouvais faire encore, et me forcèrent à profiter du stratagème innocent que leur amitié généreuse avait imaginé. Il fallut céder à de si pressantes sollicitations, et consentir à leur devoir la vie, sans pouvoir contribuer à sauver la leur. Je me jetai au cou de ces deux libérateurs ; jamais il n'y eut de scène plus touchante. Ils allaient mourir infailliblement ; ils me forcèrent à leur survivre. Je monte donc sur les épaules du premier, puis sur celles du second, et enfin sur le plancher, en adressant à mes deux camarades l'expression d'une âme oppressée de douleur, d'affection et de reconnaissance.

Mais le ciel ne voulut pas me rendre la vie au prix de celle de mes deux sauveurs; j'aurais été trop malheureux. Au moment où la porte allait enfin céder aux efforts de nos égorgeurs, au moment où j'allais les voir périr sous mes yeux, on entend dans la cour les cris accoutumés de *Vive la nation!* et le chant de la *Carmagnole.* C'était deux prêtres qu'on était allé chercher dans leurs lits, et que l'on amenait dans cette cour jonchée de cadavres. Les égorgeurs se ralliaient tous à ce signal de meurtre et de carnage. Ils voulaient tous avoir part au massacre de chaque victime. Ceux-ci oublièrent notre prison.

Je descendis du haut de mon plancher, pour associer de nouveau mes craintes et mes espérances à celles de mes généreux compagnons. Quelle fut longue cette nuit affreuse qui vit couler tant de sang innocent !

La troupe effrénée des massacreurs interrogeait les deux victimes amenées sur ce théâtre de carnage. Elles répondaient avec la même douceur, le même calme, le même courage déjà remarqués dans les autres. « Vois, disait-on à chacun, cette montagne de cadavres de ceux qui n'ont pas voulu se soumettre à nos lois; fais le serment, ou à l'instant tu vas en augmenter le nombre. — Donnez-nous le temps de nous préparer à la mort. Permettez-nous de nous confesser entre nous ; voilà la seule grâce que nous vous demandons. Nous sommes aussi soumis que vous à toutes vos lois civiles ; nous serions bien mauvais chrétiens, si nous n'étions de bons citoyens. Mais le serment que vous nous proposez n'est pas seulement un serment civil, c'est un renoncement à des articles essentiels de notre croyance religieuse. Nous préférons la mort au crime dont nous nous rendrions coupables en le prêtant.

« Eh bien ! qu'ils se confessent, ces scélérats, répondirent tout d'une voix les égorgeurs ; aussi bien nous n'en avons aucun autre aujourd'hui pour amuser les voisins : qu'ils se confessent ; ils donneront le temps aux curieux du quartier de se lever et de venir nous voir faire justice de ces *coquins.* En attendant, nous déblayerons la cour. Allez chercher des charretiers, envoyons à la voirie tous ces aristocrates, ils infecteraient cette cour. »

Aussitôt l'ordre est donné ; des charretiers arrivent ; on charge les voitures de tous les cadavres, et on les emporte hors la porte Saint-Jacques, bien avant dans la campagne, au pied de la première croix de fer, où l'on creusa une large fosse pour les enterrer tous.

Mais la cour de l'Abbaye se trouvait ruisseler de

sang, tel que le sol encore fumant où l'on vient d'égorger plusieurs bœufs à la fois.

Il fallut la laver : la peine fut extrême. Pour n'avoir plus à y revenir, quelqu'un proposa de faire apporter de la paille; de faire dans la cour une sorte de lit, au-dessus duquel on mettrait tous les habits de ces infortunés, et qu'on les ferait venir là pour les y égorger. L'avis fut trouvé bon ; mais un autre se plaignit que ces aristocrates mouraient trop vite ; qu'il n'y avait que les premiers qui eussent le plaisir de les frapper, et il fut arrêté qu'on ne les frapperait plus qu'avec le dos des sabres; qu'on les ferait courir ensuite entre deux haies d'égorgeurs, comme cela se pratiquait jadis envers les soldats que l'on condamnait aux verges. On arrêta aussi qu'il y aurait autour du lieu des bancs pour les *dames* et des bancs pour les *messieurs* (car il y avait alors des messieurs et des dames). Une sentinelle fut mise à ce poste pour que le tout se passât dans l'ordre.

Tout ceci je l'ai vu de mes yeux et je l'ai entendu. J'ai vu les dames du quartier de l'Abbaye se rassembler autour du lit qu'on préparait pour les victimes, y prendre place comme elles l'auraient fait à un spectacle.

Enfin, vers les dix heures, les deux prêtres disent qu'ils sont prêts à mourir : on les amène. Ici je n'ai plus rien vu. Eh! comment aurais-je eu le courage de porter mes regards sur une scène aussi déchirante? Toute cette journée se passa à aller chercher dans la ville les prêtres que les scélérats venaient dénoncer, et à les massacrer. Toujours autour de ces victimes, les mêmes hurlements, les mêmes chants, les mêmes danses. La nuit ne fut pas plus calme; je la passai dans les mêmes craintes qui m'avaient agité pendant les jours précédents. « Comment, disais-je à mes compagnons, la ville de Paris, qui doit être informée de ces horreurs, ne se lève-t-elle pas tout entière pour venir les empêcher? » Les malheureux ne me répondirent plus ce jour-là que par des mots sans suite, avec un air et des yeux égarés. Ils étaient devenus fous. L'un d'eux me donna son couteau, en me demandant la mort, comme la plus grande grâce; l'autre entra dans une pièce attenant à la salle où nous étions, se déshabilla, et, avec ses mouchoirs et ses jarretières, il essaya de se pendre lui-même. Son égarement même le sauva; il ne put y réussir.

Pendant que tout cela se passait, on ouvre à grand bruit la porte de notre prison et on y jette une nouvelle victime. Quelle victime, grand Dieu! c'était un de mes camarades de la mairie que je croyais mort, M. l'abbé Simon *. Il avait été transféré le 1er septembre avec soixante autres, et, par un pro-

* Il fut massacré dans la soirée.

dige inconcevable, traîné avec ces infortunés au milieu de la cour pour y être massacré comme eux, il s'était trouvé, sans savoir comment, au rang des égorgeurs, autour des égorgés, et, profitant du désordre qui régnait sur ce théâtre exécrable, il s'était glissé jusque dans le comité, où il avait demandé la vie avec cet accent du désespoir qui pénètre jusque dans les cœurs les plus durs. On ne lui répondit qu'en le renfermant avec nous. Quelle entrevue, quel moment pour tous les deux!..... J'avais appris, par le concierge, le massacre de tous les prisonniers avec lesquels je savais qu'il était. J'avais entendu frapper à mort les soixante; il était de ce nombre. Chacun de nous avait pleuré la mort l'un de l'autre. En le voyant je crus revoir tous mes autres amis. Ce fut lui qui m'apprit la fin héroïque et glorieuse du respectable curé de Saint-Jean en Grève, de ce vieillard vénérable qui répondit avec tant de courage aux bourreaux qui l'interrogeaient sur sa foi, et qui préféra la mort au serment qu'on lui proposait; qui demanda pour grâce unique, et en faveur de la faiblesse de son âge, la mort la plus prompte, et qui l'obtint. On se disposait à lui couper la tête, quand il adressa à ses bourreaux ces paroles touchantes: « De quoi allez-vous me punir, mes enfants? Que vous ai-je fait; qu'ai-je fait à la patrie dont vous croyez être les vengeurs? Le serment que je n'ai pu faire n'eût rien coûté à ma conscience, et je le ferais en ce moment même, si, comme vous le croyez, il était purement civil; je suis aussi soumis que vous aux lois dont vous vous croyez les ministres. Qu'on me laisse excepter de ce serment que vous me proposez, tout ce qui regarde la religion, et je le ferai de grand cœur, et personne n'y sera plus fidèle. »

Le plus féroce de la troupe saisit le vieillard aux cheveux, le renverse sur la borne et le frappe à la tête d'un coup de sabre. Un autre détache du tronc cette tête si respectable. Ainsi commença le massacre de cette foule de victimes, à qui Manuel, dix jours avant, était venu annoncer la liberté. Tel fut le récit que me fit mon ancien camarade, échappé comme par miracle à cette sanglante tragédie.

La cour de l'Abbaye était encore couverte de cadavres ; on donna des ordres pour les transporter ailleurs. Mais pendant que ce transport se faisait, un autre prêtre fut amené et égorgé aux cris mille fois répétés de *Vive la nation!* C'était le mardi matin. Mes ennemis de la section de l'Arsenal avaient envoyé leur fameux arrêté à la commune ; et celle-ci avait sans doute donné des ordres pour que l'on me massacrât. Déjà dans la cour on s'occupait de l'exécution de cet ordre ; mais on était fatigué, on voulait dîner ; il fut réglé qu'on viendrait à quatre heures pour me couper la tête, Mes camarades, car on m'en avait donné plus d'un dans la matinée, mes camarades entendirent ce propos et me le répétèrent. Ils entendirent que l'on demandait au charretier pourquoi il ne transportait pas un cadavre qu'il avait d'abord mis sur sa charrette. « Vous devez me donner celui de l'abbé Sicard à porter à quatre heures ; je porterai le tout ensemble. »

En entendant ces propos, je me vis perdu ; je me procurai une feuille de papier et j'écrivis à un député, mon ami intime, la lettre suivante : l'original m'en a été rendu.

J'ai souligné les passages qui furent raturés et supprimés à la lecture qui en fut faite à l'Assemblée même.

« Ce mardi 4 septembre 1792, an IVe de la liberté.

« Ah ! mon cher Monsieur, que vais-je devenir après avoir échappé à la mort, si vous ne venez me sauver la vie, en m'ôtant de cette prison, *autour de laquelle des cannibales furieux commettent en un instant mille massacres?* Prisonnier depuis sept jours, il y a trois jours que j'entends autour de ma fenêtre demander ma tête à grands cris, et menacer de briser les faibles volets de ma fenêtre qui me séparent d'eux, si les commissaires de l'Abbaye, qui ne savent plus comment faire pour conserver ma frêle existence, ne me livrent à leur *rage*. Ces commissaires me conseillent d'aller me réfugier dans le sein de l'Assemblée nationale, mais de n'y aller qu'en la compagnie de deux députés, pour n'être pas massacré en sortant.

« Eh! grand Dieu! qu'ai-je donc fait pour être traité ainsi? *Au moment où je vous écris, l'on coupe la tête à un prêtre, on emmène deux autres qui vont subir le même sort. Qu'avons-nous donc fait pour périr ainsi? Car sûrement je ne serai pas plus épargné.* En quoi suis-je un mauvais citoyen? suis-je même un citoyen inutile? C'est à la France entière à répondre. Un de mes élèves est peut-être mort de chagrin à l'heure qu'il est. Je succombe moi-même sous le poids de tant d'inquiétudes. Quel est mon crime? On ne m'a pas interrogé depuis sept jours que je suis ici. Je n'existerai pas demain, si vous ne venez ce matin à mon secours. Je ne demande pas la liberté; je demande la vie pour mes pauvres enfants. Que l'Assemblée nationale me constitue prisonnier dans l'une de ses salles! Qu'elle presse le rapport de mon affaire! Ai-je le temps d'être un mauvais citoyen?

« *Quelle horreur de me transférer en plein jour, à trois heures, un jour de fête, à l'instant où le canon d'alarme tire, en la compagnie de soldats d'Avignon et de Marseille, qui me dénonçaient à la populace, quand ils auraient dû me défendre de sa rage, à travers le Pont-Neuf et toutes les rues qui conduisent à l'Abbaye!*

« Venez, mon cher Monsieur, venez faire une

bonne action ; venez sauver un infortuné, en l'investissant de votre inviolabilité et de celle d'un autre de vos collègues qui trouvera peut-être quelque plaisir à entrer en part avec vous. Mais que sais-je si vous y serez à temps ? *Mes bourreaux sont là, fumants de sang : ils grincent des dents et demandent ma tête.*

« Adieu, mon cher compatriote ; je ne sais pas si vous me trouverez vivant à l'Abbaye.

« L'instituteur infortuné des sourds et muets,

« Sicard. »

Rien de ce qui est souligné, de cette lettre, ne fut lu à l'Assemblée ; la lettre même ne fut pas lue par celui à qui je l'avais écrite. Il pria un de ses collègues de la communiquer, comme jouissant d'une plus grande faveur : elle intéressa et les députés et les tribunes ; et aussitôt il fut rendu un décret qui ordonnait à la commune de me mettre en liberté. Ce décret n'eut aucun succès. Cependant les heures se passaient, et je voyais arriver celle qu'on avait fixée pour mon massacre.

Trois heures sonnent, et je devais périr à quatre. J'ignorais si ma lettre était parvenue à sa destination. Je songe alors que j'ai quelques autres amis dans l'Assemblée. Je me procure une demi-feuille de papier ; je la divise en trois morceaux et j'écris trois billets. J'en adresse un au président (Hérault de Séchelles) ; un à M. Lafont-Ladebat, qui avait montré tant de talents, tant d'honnêteté, tant de courage, pendant la tenue de l'Assemblée législative, et dont j'avais été le collègue aux académies de Bordeaux, et l'ami particulier : un autre à la mère de deux jeunes personnes dont j'avais dirigé les premières études, et qui me chérissaient, l'une comme le frère le plus tendre, les deux autres comme leur père. Ces trois billets étaient les derniers adieux d'un infortuné qui se voyait traîné à la mort; le dernier cri d'un mourant qui appelait à son secours les âmes sensibles dont il savait qu'il était tendrement aimé.

L'Assemblée ne tenait plus; mais un huissier honnête et compatissant était encore dans la salle. On lui remet mon billet. Il court à l'instant chez le président, qui se rend aussitôt au comité d'instruction publique. M. Lafont-Ladebat ne pouvait rien. Il songe à Chabot ; il va chez lui ; lui peint l'affreuse situation où je suis ; lui dit combien est court le temps de me sauver, et, ce qu'il n'eût jamais demandé à ce monstre pour lui-même, il lui demande la vie pour son ami Sicard. La femme à qui j'avais écrit aussi, et dont le nom ne peut qu'embellir cette triste histoire, Mme d'Entremeuse, était absente ; l'aînée de ses filles reçoit mon billet, s'évanouit ; mais le danger que court l'abbé Sicard, son père, son ami, la rappelle à la vie. Elle vole chez

M. Pastoret, député, de qui j'étais connu. Elle n'a pas le courage de parler : elle tombe sans connaissance, mon billet à la main. On le lit. M. Pastoret quitte son dîner, et va au comité d'instruction dont il était membre. Il fait, avec Hérault de Séchelles et Romme qu'on y avait appelés, un arrêté qui ordonne une seconde fois à la commune de voler à mon secours. Par cet arrêté, le comité me réclamait comme une de ses propriétés les plus intéressantes. Je ne dois pas oublier l'effet qu'avait produit sur le cœur de la jeune Éléonore d'Entremeuse le billet que j'écrivais à sa mère. Elle en a été frappée de mort. Hélas! après avoir langui plus d'un an dans des douleurs inexprimables, elle a péri à l'âge de dix-neuf ans, me laissant des regrets éternels. Le souvenir de tant de vertus réunies à tous les charmes de la jeunesse, me suivra jusqu'au tombeau, et répandra sur la triste vie que je dois à cette âme si pure, si belle, si sensible et si tendre, une amertume qui me la rendrait insupportable, si je n'avais la conviction que cette jeune personne n'a quitté cette misérable vie que pour aller recevoir, dans une meilleure, le prix de ses vertus.

L'arrêté du comité d'instruction publique est envoyé à la commune, qui, à la réception du décret dont j'ai parlé, avait déjà passé à l'ordre du jour. Elle allait y passer encore, et l'arrêté n'aurait pas eu plus de succès que le décret, s'il ne se fût trouvé dans le conseil un homme de Bordeaux, nommé Guiraut, qui demanda à être chargé de l'exécution du décret et de l'arrêté. C'eût même été trop tard (car alors il était six heures du soir), si à quatre heures, époque fixée par les égorgeurs pour me couper la tête, une pluie d'orage n'eût dissipé les groupes et ne m'eût préservé de leur fureur.

A sept heures, je vois rouvrir les portes de ma prison : c'était un autre libérateur, qui, en vertu du décret de l'Assemblée législative et de l'arrêté du comité d'instruction publique, venait me rendre à la liberté, et allait me présenter à l'Assemblée nationale. Il me prit sous le bras, et, sous sa sauvegarde, je passai au milieu de ceux qui, depuis trois jours, égorgeaient tant de victimes dans cette cour, consacrée autrefois à la méditation et au silence. Toutes les massues qui servaient à assommer, les sabres, les piques, tous les instruments de mort étaient en l'air. Je pouvais éprouver mille morts en traversant ces haies de cannibales féroces; mais l'écharpe municipale les rendit immobiles. Dans ce moment, Chabot était dans la tribune de l'église de l'Abbaye, tâchant d'intéresser en ma faveur ceux qui avaient demandé ma tête. Je monte en voiture avec l'officier municipal et avec Monnot, ce Monnot dont le nom, consacré par ma reconnaissance, ira sans doute à la postérité avec ceux des martyrs de ces jours d'exécrable mémoire. J'arrive à l'Assemblée nationale. Tous les cœurs m'y attendaient; des applaudissements universels m'y annoncèrent. Tous les députés se précipitèrent à la barre où j'étais pour m'embrasser. Les larmes coulèrent de tous les yeux quand, inspiré seulement par le sentiment le plus impérieux, je prononçai, pour remercier tous mes libérateurs, le discours que je ne pouvais conserver, puisqu'il fut l'expression soudaine de ma reconnaissance. Il fut recueilli par *le Moniteur* du temps et dans tous les autres journaux.

Sorti des prisons de l'Abbaye et rendu à la liberté, mon premier soin fut d'aller à la commune de Paris pour faire lever les scellés qui, le jour de mon arrestation, avaient été apposés sur mon appartement. On imaginera sans peine combien j'étais empressé de me rendre aux vœux de mes élèves et d'aller reprendre des travaux si chers à mon cœur. Des commissaires me furent accordés; l'on en nomma deux autres de la section pour la même opération. L'un de ces derniers fut précisément celui qui avait apporté à la commune et à la prison de l'Abbaye le fameux arrêté. Cet homme avait assisté plusieurs fois à mes leçons; il m'avait témoigné le plus grand intérêt, la plus grande estime. On ne concevrait pas comment avec quelque honnêteté cet homme avait pu accepter une mission aussi infâme, si l'on ne savait que la faiblesse fait le mal avec la même facilité que le fait la méchanceté, et qu'elle n'est pas moins cruelle. Cet homme, en me revoyant, se jette à mon cou, et m'avoue lui-même sa faute : « J'ai été, me dit-il, le complice de vos assassins. Il n'a pas tenu à moi que l'homme que j'estimais le plus ne fût enveloppé dans le massacre général qui a fait verser tant de sang. J'ai moi-même porté à la prison, où vous attendiez la mort, l'arrêt qui provoquait sur votre tête la hache des égorgeurs ; et j'avais été cent fois témoin des miracles de bienfaisance que vous opériez tous les jours dans votre école. Mais je me voyais perdu si j'eusse refusé de servir la haine des persécuteurs des prêtres, et je n'ai pas eu le courage de résister. Demain je vous remettrai une des copies de l'arrêté. »

Il procéda à la levée des scellés. J'allais jouir du bonheur d'être rendu à mes élèves. « Gardez-vous bien, me dit ce commissaire qui connaissait la rage de mes persécuteurs d'alors, gardez-vous bien de suivre le mouvement de votre âme ; ne logez pas encore chez vous ; on ne peut vous pardonner d'être échappé au fer des assassins. On viendrait, jusque dans votre retraite, vous en punir en vous égorgeant. »

Je suivis cet avis. Je me retirai dans une section éloignée, chez le bon citoyen Lacombe, artiste distingué dans l'horlogerie, plus distingué encore par son courage et ses vertus. On l'avait vu, pendant sa détention, quand il y avait tant de dangers à réclamer un prêtre, aller, au péril de sa vie, redemander l'instituteur des sourds et muets. On admirera, sans doute encore, que ce soit un horloger qui vienne à mon secours, et qui m'offre un asile où je trouvai, auprès du couple le plus vertueux, toutes les consolations dont mon âme flétrie avait tant de besoin. C'est là que je reçus la première visite de cet élève précieux, que j'avais nommé mon légataire au moment où, près de recevoir le coup mortel, je remis pour lui ma montre au commissaire. Quelle entrevue! Massieu dans les bras de son père, de son instituteur, de son ami!.... Massieu! cette âme brûlante réunie à la mienne! nos deux cœurs battant l'un contre l'autre!.... Ce malheureux jeune homme avait passé sans nourriture et sans sommeil tous les jours des dangers de son maître. Un jour de plus, il mourait de douleur et de faim.... Quel moment que celui où il me revit, après avoir tant pleuré sur mon sort!... Quels signes il me fit!... Quelle scène pour ceux qui en furent les témoins!... Qui n'en eût été attendri!...

Le commissaire de l'Arsenal tint sa parole. Il m'apporta la copie collationnée de l'arrêté; la voici :

Assemblée générale du 1er septembre 1792.

« Sur les représentations faites par plusieurs membres :

« 1° Que le sieur abbé Sicard, instituteur des sourds et muets, arrêté comme *prêtre insermenté*, était sur le point d'être élargi, attendu l'utilité dont *on prétend* qu'il est dans son institution ;

« 2° Que son élargissement serait d'autant plus dangereux, qu'il possède l'art coupable de cacher son incivisme sous des dehors patriotes, et de servir la cause des tyrans en persécutant sourdement ceux de ses concitoyens qui se montrent dans le sens de la révolution ;

« L'assemblée a arrêté qu'elle formerait les demandes suivantes :

« 1° Que la loi soit exécutée *dans toute son étendue*, vis-à-vis du sieur abbé Sicard ;

« 2° Qu'il soit remplacé par le savant et modeste abbé *Salvan*, second instituteur des sourds et muets (héritier, comme plusieurs autres, de la sublime méthode inventée par l'immortel abbé de l'Épée), assermenté et agréé de l'Assemblée nationale ;

« Enfin, qu'il soit porté des copies du *présent arrêté* au pouvoir exécutif, au comité de surveillance, au *conseil de la commune* et au *greffe de la prison*, par M. Pelez et Perrot, commissaires nommés à cet effet. Signé : BOULA, *président* ; RIVIÈRE, *secrétaire*.

Je ne pouvais me méprendre sur l'auteur de cette pièce, dans laquelle on avait pris tant de précautions pour que je ne pusse échapper à la mort. Il m'avait été signifié, un mois auparavant, un *dire* sur lequel étaient ces propres expressions : « M. Si- « card ne doit pas être si difficile à accorder ce « qu'on lui demande. Il ne doit pas oublier que, « n'ayant pas fait le *serment civique*, il pourrait être « *remplacé par le savant et modeste Salvan, héri-* « *tier, comme lui, de la sublime méthode inventée par* « *l'immortel abbé de l'Épée, assermenté.*

Je montrai cet écrit à mon digne coopérateur Salvan, dont l'honnêteté m'était si connue. Indigné de voir son nom dans cette pièce homicide, il alla s'en plaindre à celui que nous soupçonnions l'avoir rédigée. L'accusé nia fortement de l'avoir jamais connue ; mais depuis cette époque, on en a retrouvé la minute écrite tout entière de sa main dans les papiers du comité révolutionnaire de la section, sans le trouver écrit sur aucun des registres. C'est que, dans ce temps-là, une poignée de scélérats, quand la séance générale des sections était terminée, faisaient des arrêtés au nom de toute l'Assemblée, et les faisaient exécuter, sans qu'ils fussent connus que de ceux qui les avaient faits, et de ceux qui en étaient les malheureuses victimes. Celui-ci n'eût jamais été connu, sans l'extrême bonhomie de l'homme qui l'avait porté à la prison, et la maladresse de l'auteur, qui oublia d'en soustraire la coupable minute.

J'ai dit que les *dames* du quartier de l'Abbaye se rendaient en foule aux scènes d'horreur qui se passaient dans cette malheureuse enceinte. On imagine quelles *dames* c'étaient. Eh bien, ces mêmes *dames* firent demander au comité où j'étais, qu'on leur procurât le plaisir de voir tout à leur aise les *aristocrates* égorgés dans la cour du comité. Pour faire droit à la demande, on plaça un lampion auprès de la tête de chaque cadavre, et aussitôt les *dames* jouirent de cette exécrable illumination. Au milieu de la nuit, Billaud de Varennes apprend que les égorgeurs volent les prisonniers après les avoir tués; il se rend dans la cour de l'Abbaye, et là, sur une estrade, il parle *à ses ouvriers :*

Mes amis, mes bons amis! la Commune m'envoie vers vous pour vous représenter que vous déshonorez cette belle journée. On lui a dit que vous voliez ces coquins d'aristocrates, après en avoir fait justice. Laissez, laissez tous les bijoux, tout l'argent et tous les effets qu'ils ont sur eux, pour les frais du grand acte de justice que vous exercez. On aura soin de vous payer, comme on en est convenu avec vous. Soyez nobles, grands et généreux comme la profession que vous remplissez. Que tout, dans ce grand jour, soit digne du peuple dont la souveraineté vous est commise. »

Manuel, quelques minutes avant, au milieu de la rue de Sainte-Marguerite, en face de la grande prison, et au moment où les massacreurs avaient commencé, avait parlé ainsi à ce même peuple : « Peuple français, au milieu des vengeances légitimes que vous allez exercer, que votre hache ne frappe pas indistinctement toutes les têtes. Tous les criminels que renferment ces cachots, ne sont pas tous également coupables. »

Et ce Manuel est le même qu'un honnête homme tâchait de justifier, un de ces jours, au sujet de ces égorgements? Ce discours, entendu de plusieurs témoins dignes de foi, rapproché de celui que, deux jours avant, j'avais entendu moi-même à la prison de la mairie, laisse-t-il quelque doute sur la complicité de ce grand coupable qui a expié sur un échafaud, et les crimes de cette journée d'horreur, et tous les blasphèmes qu'il avait vomis dans la commune contre la religion?

Et qu'on ne doute pas de l'effet de la promesse que fit aux égorgeurs Billaud de Varennes. Oui, les malheureux qui répandirent tant de sang, dans ces journées de deuil, ont reçu leur salaire, comme on le leur avait promis. On a trouvé, et les noms de ceux qui ont reçu ce prix du sang innocent, et les noms de ceux qui les ont payés. On lit encore ces noms, écrits avec du sang, sur les registres de la section du Jardin des Plantes, sur ceux de la Commune, sur ceux de la section de l'Unité. Je peux moins en douter qu'un autre. Un des commissaires de cette section, qui a été forcé, sous peine d'être tué sur-le-champ par les égorgeurs, de contribuer à leur paiement, me l'a dit à moi-même. Oui! ils ont reçu leur salaire, et quel salaire! Les malheureux, poursuivis par les remords, trouvant partout des voix accusatrices, ont, la plupart, fui de Paris; ils ont été dans les armées, espérant y trouver des camarades : les scélérats! pouvaient-ils ainsi se méprendre sur les soldats français? On les a reconnus, et ils n'y ont trouvé que des vengeurs. Il n'en reste plus que quelques-uns que redemande l'échafaud, que va enfin poursuivre la justice nationale, qui n'a suspendu si longtemps son glaive que pour n'en épargner aucun.

SICARD.

DÉCLARATION

DU CITOYEN JOURDAN

ANCIEN PRÉSIDENT DU DISTRICT DES PETITS-AUGUSTINS

ET DE LA SECTION DES QUATRE-NATIONS

La section de l'Unité, ci-devant des Quatre-Nations, m'ayant invité de lui faire part de ce que je sais touchant les trop fameuses journées du 2 septembre 1792 et suivantes, je vais répondre à ses désirs; mais j'annonce que je ne parlerai que des faits dont j'ai été témoin oculaire.

J'étais, à cette funeste époque, président du comité civil et de surveillance des Quatre-Nations. L'invasion des Prussiens, qui s'avançaient sur Châlons, avait jeté l'alarme dans Paris. Cent mille habitants de cette vaste cité se préparaient à marcher contre l'ennemi, et à le chasser hors du territoire français. Les comités de la section des Quatre-Nations étaient en permanence. Le dimanche 2 septembre, sur une heure après-midi, je proposai à nos collègues de nous arranger pour que moitié de nous allât dîner, tandis que l'autre moitié tiendrait le comité, afin que les affaires publiques ne souffrissent point de retard. Je ne sortis qu'à trois heures.

A mon retour, j'appris que pendant mon absence on avait massacré plusieurs particuliers qui avaient été amenés des prisons de la mairie dans quatre fiacres.

Je n'entrerai pas dans les détails de ces premières horreurs. Je ne les ai pas vues; mais la section possède encore actuellement dans son sein la plus grande partie de mes anciens collègues qui furent témoins de ce qui se passa : entre autres le citoyen Monnot, rue des Petits-Augustins, qui fit un rempart de son corps à l'abbé Sicard, instituteur des sourds et muets ; le citoyen Maillot, peintre, rue Saint-Benoît, qui sauva un particulier de Metz, nommé Dubalay, qui me connaissait et qui se réclama de moi. Le citoyen Maillot eut recours à une ruse aussi adroite que généreuse, et parvint, pendant quatorze heures, à dérober ce particulier aux recherches des assassins, quoiqu'il fût continuellement sous leurs yeux ; et il finit par le soustraire à leur rage en leur présence. *

* Nous ne devons pas oublier de rappeler un trait de cou-

Sur les sept heures du soir, tout était assez calme. Je profitai de ce moment pour vaquer à des affaires qui m'étaient personnelles et très-urgentes. Je revins sur les neuf heures. En entrant dans la cour de l'église de l'Abbaye, je vis une multitude d'hommes et de femmes rassemblés. J'entendis des cris répétés de *vive la nation!* au milieu desquels s'élevaient des hurlements épouvantables. Ce vacarme était occasionné par des prisonniers que l'on tirait de l'Abbaye, que l'on amenait pour être mas-

rage et de présence d'esprit bien rare. Pendant qu'on massacrait à l'Abbaye, un horloger demande des pouvoirs à sa section pour aller réclamer deux jeunes gens. Il se rend dans l'antre des assassins, marche dans le sang et sur des membres palpitants. « Es-tu las de vivre? » lui dit un bourreau en le prenant au collet. Le désir de faire une belle action donne des forces à cet homme estimable. « Je demande à parler au président. » On le laisse entrer. « Que viens-tu faire ici? — Je viens réclamer deux jeunes gens de ma section. Voilà mes pouvoirs. — Qui sont-ils? — Tel et tel; vivent-ils? — Oui..... Pourquoi sont-ils ici? — Pour une faute légère, une querelle qui n'a pas eu de suite. — En réponds-tu? — J'en réponds sur ma tête. — Eh bien, voilà du papier, signe, mais prends garde à toi. » On examine les registres, et très-heureusement l'acte d'écrou ne portait point cause d'aristocratie; car le répondant aurait péri. Les prisonniers arrivent. « Tiens, lui dit le président, les voilà. Va-t-en. » (Extrait de *l'Espion de la Révolution française.)*

Ce trait honorable console un peu de tant d'autres traits sanguinaires, et réconcilie, pour un moment, avec l'humanité.

sacrés dans la grande cour du jardin, et que, chemin faisant, on lardait de coups de sabres.

La porte du comité était dans cette grande cour du jardin. J'avance pour m'y rendre. On me laisse passer librement sous la porte charretière qui sépare les deux cours. En entrant dans cette cour, j'y aperçois une troupe de gens armés, à moi inconnus, qui massacraient impitoyablement toutes les malheureuses victimes qu'on leur amenait. La cour était jonchée d'environ une centaine de cadavres. Mais ce que j'aperçus de plus horrible, c'étaient des cadavres qui entouraient des tables couvertes de bouteilles de vin. Les verres dégouttaient le sang dont étaient fumantes les mains des cannibales qui buvaient dedans.

Pour parvenir au comité, il fallait monter cinq marches. Elles étaient également couvertes de cadavres sur lesquels je fus forcé d'enjamber. Je trouvai au comité plusieurs de mes collègues stupéfiés d'horreur et d'effroi. Je leur aidai, non pas à faire le bien, mais à empêcher le mal le plus qu'il était possible. Nous trouvâmes les moyens de sauver plusieurs infortunés.

Sur le minuit, les sensations douloureuses et horribles que j'éprouvais à chaque instant, jointes à la vapeur du sang humain qui me porta au cerveau, furent cause que je me trouvai mal. Je cherchai en vain un flacon ou de l'eau. Comme je demeurais à deux pas, au coin de la rue Taranne, je sortis pour aller chez moi, à l'effet d'y prendre quelque soulagement.

Lorsque je me présentai sous la porte charretière, j'y trouvai un poste d'environ douze gardes nationaux que je n'avais pas remarqués en entrant. Ils me couchèrent en joue. Je fus plus surpris qu'effrayé ; la crainte de la mort ne pouvait avoir d'action sur moi ; je n'étais malheureusement que trop familiarisé avec elle. J'avançai sur ces gardes nationaux, je soulevai avec sangfroid leurs fusils, et je les élevai au-dessus de ma tête. Je reconnus celui qui les commandait : c'était le sieur Leprince, ancien perruquier, et qui, je crois, était officier de police. Je lui demandai s'il ne me connaissait pas : « Oui, me dit-il, je sais que vous êtes notre président ; mais notre consigne est de laisser entrer tous les hommes et de n'en laisser sortir aucun. — Qui vous a donné une pareille consigne ? — Le commandant de bataillon. — Je suis bien étonné qu'il vous ait donné de tels ordres, sans en avoir parlé au comité. Où est-il ? Cherchez-le. — Nous ne l'avons pas vu depuis qu'il nous a placés ici, il y a cinq ou six heures. Nous sommes excédés d'horreur et de fatigue. »

Je rentrai dans la grande cour ; je cherchai le commandant de bataillon, je ne le trouvai pas. Je revins auprès du citoyen Leprince. « Je n'ai pas aperçu, lui dis-je, le commandant de bataillon ; il est vraisemblablement à l'assemblée générale (elle se tenait dans la grande église). Laissez-moi passer ; si je le rencontre, je vous ferai relever de poste. »

L'on me fit passage. J'allai dans l'église ; j'y fis deux fois le tour de l'assemblée, je n'y vis point le commandant de bataillon. Mon malaise augmentant, je me décidai à me rendre chez moi. En sortant de l'église, je fus arrêté dans la cour par une haie de spectateurs, qui regardaient passer une victime que l'on traînait à la mort en la tirant par les pieds et en la hachant à coups de sabre.

Je vis alors deux Anglais, un de chaque côté de la haie, vis-à-vis l'un de l'autre. Ils tenaient des bouteilles et des verres. Ils offraient à boire aux massacreurs et les pressaient en leur portant le verre à la bouche. J'entendis un de ces massacreurs, qu'ils voulaient faire boire de force, leur dire : « Eh ! f..... ! laissez-nous tranquilles ; vous nous avez fait assez boire ; nous n'en voulons pas davantage. » Je remarquai à la lueur de quelques flambeaux qui entouraient la victime, que ces deux Anglais étaient en redingotes ; elles descendaient jusqu'aux talons. Celui à côté de qui j'étais me parut être un homme d'environ trente-huit ans, de la taille d'environ cinq pieds quatre à cinq pouces, d'une complexion grasse ; sa redingote était d'un vert clair, tirant sur l'olive ; l'autre Anglais était plus maigre. Sa redingote me parut d'une couleur foncée, tirant sur l'ardoise. Je reconnus que c'étaient des Anglais, parce que les entendis parler entre eux, et quoique je ne sache pas leur langue, je la connais assez pour la distinguer de toute autre, et en reconnaître l'accent. Je rentrai chez moi, où je pris quelques eaux spiritueuses. Je passai le reste de la nuit dans un état cruel, qui continua pendant environ six semaines, et qui aboutit à un coup de sang ou d'apoplexie dont je me ressentirai toute la vie.

Le lendemain je m'efforçai pour retourner au comité. Dans le cours de la matinée, sept ou huit massacreurs vinrent me demander leur salaire. « Quel salaire ? » leur dis-je. Le ton d'indignation avec lequel je leur fis cette demande les déconcerta. « Nous avons passé, dirent-ils, notre journée à dépouiller les morts, vous êtes juste, Monsieur le président, vous nous donnerez ce qu'il vous plaira. » Le citoyen L......, un de mes collègues, était à côté de moi ; je lui proposai de donner un petit écu à ces monstres pour nous en débarrasser. « Ce n'est pas assez, me répondit le citoyen L...... ; ils ne seraient pas contents. »

Au même instant entra le citoyen Billaud-Varennes, alors officier municipal ; il nous fit un grand discours pour nous prouver l'utilité et la nécessité de tout ce qui s'était passé. Il finit par nous dire qu'en venant à notre comité, il avait rencontré plusieurs des ouvriers (ce sont ses expressions) qui avaient travaillé dans cette journée, lesquels lui avaient demandé leur salaire ; qu'il leur avait promis que nous leur donnerions à chacun un louis. Je me levai alors avec vivacité, et je lui dis : « Où voulez-vous que nous prenions ces sommes? Vous savez aussi bien que nous que les sections n'ont aucun fonds à leur disposition ? » Il fut interdit pendant un moment, ensuite il me dit qu'il fallait nous adresser au ministre de l'intérieur, qui avait des fonds destinés à cet objet.

Le citoyen L...... m'observa qu'il devait aller dîner chez le ministre de l'intérieur, et il m'offrit de lui en parler. J'acceptai sa proposition, et je lui donnai sur-le-champ par écrit une autorisation pour demander au ministre une somme de 3,000 fr., de l'emploi de laquelle la section des Quatre-Nations justifierait.

Le citoyen L...... me rapporta que le ministre lui avait répondu qu'il n'avait pas de fonds destinés pour de semblables objets; qu'il fallait s'adresser à la municipalité.

Les soi-disants ouvriers étant revenus, je leur fis part de la réponse du ministre; ils allèrent le lendemain matin à la municipalité où ils ne purent parvenir à être entendus que sur les huit à neuf heures du soir. On leur dit (suivant leur rapport) qu'il était bien étonnant que la section des Quatre-Nations refusât de les payer; qu'elle avait des fonds pour cela.

Ces gens revinrent au comité; je venais de lever dans l'instant la séance, et nous sortions. Ils étaient furieux, et je vis l'instant où nous allions être massacrés. Heureusement le citoyen C........, l'un de nos collègues, nous sauva la vie, en leur donnant d'abord des assignats qu'il avait sur lui, et en les invitant à le suivre chez lui, pour leur donner le surplus de ce qu'ils demandaient.

Vraisemblablement ces ouvriers dirent aux autres ouvriers, qui avaient travaillé dans les autres prisons, que l'on donnait un louis dans le comité des Quatre-Nations. Le lendemain, un nombre considérable vint nous demander aussi son salaire. Craignant qu'il ne nous en résultât quelque aventure sinistre, je pris mon parti, et j'allai à la Commune pour m'expliquer avec les officiers municipaux. Je ne pus jamais entrer dans la grande salle, tant elle était pleine de monde. Je crus devoir m'adresser au citoyen Tallien, qui était alors secrétaire de la municipalité. Je lui expliquai le motif qui m'amenait. Il me répondit que cela ne le regardait pas, mais le comité d'exécution. J'avoue que je ne pus m'empêcher de tressaillir à ce mot d'*exécution*. Le citoyen Tallien s'en aperçut : « Ce n'est pas, dit-il, ce que vous pouvez penser, c'est un comité qui a été établi pour payer les dépenses ordonnées par la municipalité. » Il m'offrit un de ses commis pour m'y conduire.

Arrivé à ce comité, qui était composé de quatre ou cinq membres, je lui demandai quel était le parti qu'il voulait que nous prissions ; que nous étions assiégés par une multitude de ces ouvriers qui nous menaçaient hautement ; qu'enfin nous serions forcés d'abandonner le comité de la section. Le président me demanda si l'on n'avait pas trouvé des assignats et de l'argent sur ceux qui avaient été tués. « Quoi ! m'écriai-je, faudra-t-il que ces victimes infortunées paient encore leurs bourreaux ? Mais quand nous voudrions disposer de ces sommes, nous ne le pourrions pas, parce qu'elles ont été mises dans un sac, sur lequel nous avons apposé le sceau de la section, et une douzaine de ces gens-là y ont joint leurs cachets. » Le président me répliqua que ces gens-là étaient de très-honnêtes gens ; et il ajouta que la veille ou l'avant-veille, un d'entre eux s'était présenté à leur comité en veste et en sabots tout couverts de sang ; qu'il leur avait présenté dans son chapeau vingt-cinq louis en or, qu'il avait trouvés sur une personne qu'il avait tuée ; que le comité d'exécution avait été si touché de cet acte de probité, qu'il avait donné à cet homme dix écus pour acheter une redingote, et, parlant par respect, une paire de souliers.

Un des commissaires qui était à gauche du président, me dit : « Est-il vrai qu'il y a eu des personnes sauvées aux Quatre-Nations ? — Oui, il y en a eu quelques-unes. — Combien ? — Pas autant que j'aurais voulu. — Que dites-vous ? Savez-vous que si ces scélérats avaient eu le dessus ils nous auraient tous égorgés ? — J'ignore ce qu'ils auraient voulu faire ; mais tout ce que je sais, c'est que lorsque mon ennemi est à terre, je lui tends la main pour le relever et je ne l'assassine pas. — Oh ! oh ! Monsieur, avec vos beaux sentiments apprenez que ces gens-là savaient le nombre de leurs victimes, et que s'il leur en manque quelques-unes, la tête du président des Quatre-Nations leur en répond. — J'entends..... Eh bien, j'ai juré de mourir s'il le faut à mon poste ; mon poste est le fauteuil du comité de la section des Quatre-Nations, l'on m'y trouvera toujours ; mais, si l'on vient pour m'y assassiner, ne croyez pas que je me laisse égorger comme un mouton, ainsi que tous ces infortunés ; soyez assuré que ce ne sera pas impunément. » En disant ces mots, je portai les mains sur des pistolets qui étaient dans mes goussets. Le président chercha à me calmer et finit par me dire que nous pouvions leur renvoyer tous ces ouvriers, et que le comité d'exécution verrait à s'arranger pour les satisfaire..... Alors je me retirai.

Je finis ici ma déclaration ; le surplus n'aurait rapport qu'aux comptes, ils ont été rendus dans le temps ; la section les possède avec les pièces justificatives.

Mais qu'il me soit permis de faire quelques observations qui résultent de ma déclaration.

L'on ne peut se dissimuler que la journée du 2 septembre ne soit beaucoup plus flétrissante pour la France que celle de la Saint-Barthélemy.

Il est donc de l'honneur du peuple français d'être lavé d'une pareille tache. Je présume que ma déclaration en découvre les moyens et indique le fil de cette trame infernale. Il y a tout lieu de croire que c'est le gouvernement anglais qui a été le moteur et l'instigateur de toutes les horreurs qui ont couvert la France de deuil.

Rappelons-nous que dans les commencements le peuple anglais était enthousiaste de notre révolution. Le cabinet de Londres avait à craindre que les Anglais ne voulussent nous imiter. Il était donc de sa politique d'être en guerre avec nous et de nous y mettre avec l'univers entier. Le plus difficile était d'avoir le consentement du peuple anglais afin d'en obtenir des subsides. Rappelons-nous aussi que c'est au moment où l'on apprit à Londres la journée du 2 septembre, que le peuple anglais demanda la guerre contre nous. Il y a donc tout lieu de soupçonner que le cabinet de Londres avait suscité cette journée : ce soupçon se tourne en une espèce de certitude, si l'on fait attention à ces deux

Anglais dont j'ai parlé dans ma déclaration ; je ne suis certainement pas le seul qui les ai vus ; il sera facile d'interroger à ce sujet la plupart des citoyens et citoyennes qui habitent autour de l'Abbaye, et qui étaient dans la cour de l'église, le 2 septembre, sur les onze heures du soir ou minuit. L'on pourrait encore interroger le limonadier et le marchand de vin qui demeuraient rue Saint-Benoît, vis-à-vis de la porte de l'Abbaye. Je présume que ce sont eux qui ont fourni à ces Anglais le vin et les liqueurs qu'ils faisaient boire aux massacreurs : peut-être dira-t-on que le crime de deux particuliers isolés ne prouve pas que le gouvernement anglais soit leur complice. Ce serait très-mal connaître le cabinet de Londres et son exécrable politique. Ne perdons pas de vue que c'est précisément à cette époque qu'il parvint à soulever le peuple en lui inspirant de l'horreur contre nous. D'ailleurs, de tout temps, tous les moyens lui ont été bons. Mais il est encore un autre fait dont tout Paris a eu connaissance, et qui coïncide parfaitement avec celui dont j'ai parlé.

Après l'exécution de Louis XVI, un Anglais remit un mouchoir blanc au bourreau pour le tremper dans le sang du roi. Peu de jours après, ce mouchoir fut arboré au haut de la tour de Londres. Aussitôt le peuple anglais devint semblable aux éléphants que l'on rend furieux en leur montrant une couleur rouge *. Il demande à grands cris l'anéantissement de la France. Si l'on rapproche ces deux faits, ils formeront une espèce d'identité qui peut amener à découvrir la vérité. Il sera facile de découvrir quel est cet Anglais qui a donné son mouchoir au bourreau; peut-être est-il un de ceux qui excitaient les massacres dans la nuit du 2 septembre. Pourquoi le bourreau accepta-t-il ce mouchoir? pourquoi le trempa-t-il, et pourquoi le rendit-il? C'est aux autorités constituées à suivre et à découvrir cette trame. Je suis convaincu qu'elles sont aussi jalouses que moi de l'honneur de la patrie, et qu'elles découvriront aux yeux de l'univers ainsi que de la postérité, la source d'où sont découlés tous ces crimes affreux; elles purifieront le peuple français d'une tache qui, sans cela, serait indélébile.

Signé JOURDAN.

* Comme nous ignorons si ce fait en lui-même est exact, nous n'examinerons point la conséquence qu'on veut en tirer.

Il faudrait autre chose que l'attestation d'*un* témoin pour ajouter foi à cette grave accusation. Dans les funestes journées de juin 1848, on disait aussi que des Anglais avaient répandu de l'or parmi les insurgés. Quand même ce fait serait vrai, il ne laverait pas notre tache; au lieu d'un coupable il s'en trouverait deux. Il est fâcheux cependant qu'on puisse avoir sur la nation anglaise de semblables soupçons.

EXTRAIT

DE L'ÉTAT DES SOMMES PAYÉES PAR LE TRÉSORIER DE LA COMMUNE DE PARIS POUR DÉPENSES OCCASIONNÉES PAR LES MASSACRES DE SEPTEMBRE (1792).

A Mazoyer, guichetier, qui a été chargé de retirer les divers effets trouvés sur les individus morts, et qui ont été remis à MM. G....., C.... et N...., membres du conseil général de la commune . . . . 24 liv.

A Breton, pour une voiture qu'il a fournie. 15

A Chernot, pour deux voitures. . . . 30

A Jean Naudin, pour une voiture. . 15 — 84 »

Mandat de Mou....-Ne...., commissaire de la Commune à l'effet de procéder à l'inhumation des cadavres apportés des différentes prisons aux cimetières de Clamart, Montrouge et Vaugirard; pour voitures prises par lui dans l'après-dîner du 3 et la journée du 4 septembre, payé. . . . . 9 »

Mandat signé Mic..., Mou...-N..., commissaires, Mar..., président, lesdits commissaires nommés par le conseil général à l'effet de se transporter aux différents cimetières pour y faire prendre toutes les précautions tendantes à la consommation des cadavres apportés des prisons, et notamment y faire porter la chaux nécessaire, deux heures et demie de fiacre. 4 »

Certificat du 4 septembre, signé Gout..., Desc..., Desv....., Ge..., commissaires, Le Bre..., président, et Coulom..., secrétaire-greffier adjoint, qui atteste que Parrain fils a chargé dans sa voiture, à neuf heures du matin, sur le Pont-au-Change, vingt cadavres, et qu'il les a déchargés, à trois heures après-

A reporter. . . . . 97 »

Report. . . . . 97 »

midi, à Clamart, dans le cimetière; la voiture estimée le 6 septembre par Chel..., commissaire. . 9 1

Arrêté du conseil général du 6 septembre, signé Coulo....., secrétaire-greffier, pour avancer à C...., pour salaire des personnes qui ont travaillé à conserver la salubrité de l'air, les 3, 4 et 5 septembre; et de ceux qui ont présidé à ces opérations dangereuses, suivant son mémoire y annexé, lequel mémoire contient les noms de V...., P...., C..... et R....., commissaires nommés par l'assemblée générale de la section du Finistère, ceux des ouvriers qui y ont travaillé, les fournitures qui ont été faites, et le paiement de trois des quatre commissaires de la section du Finistère, ledit mémoire taxé par V...., président, Co...., secrétaire-adjoint, et payé à Ch... 1,463 »

Mandat du 4 septembre, signé N..., Jé..., L..., commissaires de la commune, visé Me..., au profit de Gil... Pet..., pour prix du temps qu'ils ont mis, lui et trois de ses camarades, à l'expédition des prêtres de Saint-Firmin pendant deux jours, suivant la réquisition qui est faite auxdits commissaires par la section des Sans-Culottes, qui les a mis en ouvrage. . . . . 48 »

Mandat fait au comité de la section des Quatre-Nations, signé Aube..., Delac...., Pré...., commissaires, Jo..., secrétaire, au profit de Jol..., pour voitures qui ont fait cinq voyages pour transporter les corps des décédés en l'enclos de la ci-devant abbaye de Saint-Germain-des-Prés, tant dans la journée du 2 septembre que dans la nuit du 2 au 3 septembre. . . . . 30 »

Mandat de la commission d'exécution, chargée par le conseil général de la Commune, fait au comité d'exécution, le 3 septembre, signé Ni..., président, au profit de Jé...., un des commissaires de ladite commission, pour acquitter les citoyens qui se sont employés depuis ce matin au chargement des voitures des cadavres des prisonniers . . . . . . 50 »

Ordonnance du 1er octobre, signée Fa..., Ja.... et Le...., au profit de Char...., entrepreneur des carrières, pour journées des ouvriers employés tant à dépouiller les cadavres qui ont été apportés dans le

A reporter. . . . . 1,697 »

Report.	1,697	»
lieu appelé le Tombisoire, au petit Montrouge, que pour les descendre par un puits de service dans la carrière existante sous cet emplacement ; les transporter ensuite à bras dans la partie de cette carrière qui a été disposée à usage de cimetière pour le gouvernement, et pour faire les fouilles nécessaires pour l'inhumation desdits cadavres, les couvrir de lits de chaux pour prévenir les effets de la putréfaction ; pour fournitures faites aux ouvriers pendant le travail, et augmentation de salaire qu'il a été nécessaire d'accorder auxdits ouvriers, à cause des dangers qu'ils ont courus lors de cette inhumation ; enfin pour fournitures de chaux.	1,120	56
Mandat du 18 septembre, signé Moulin-Neuf, commissaire de la commune, nommé par le conseil général pour l'inhumation des corps apportés des différentes prisons aux cimetières de Clamart et de Vaugirard, au profit de Ruelle, pour voiture de vingt-un tombereaux de chaux de chacun quarante minots.	94	40
Certificat du 12 septembre, signé Gre...., officier municipal, visé le 12 septembre par de Bi...., vice-président, au profit de Toussaint Letellier, Guillaume Audrot et Pierre, qui ont travaillé pour charger sur des voitures les corps qui étaient au Pont-au-Change ; ledit travail a été taxé par Colombeau à	18	»
Mandat du 3 septembre, signé Ni...., Pa....., officier municipal, au profit de Noiste, marchand fripier, pour fourniture d'un gilet, veste et pantalon, pour un citoyen qui a travaillé à porter les cadavres de la Conciergerie	20	»
Mémoire de Cornu, limonadier, certifié par Tallien, secrétaire-greffier, pour rafraîchissements fournis depuis le 22 août jusqu'au 17 septembre. .	99	17
Total.	3,048	83

D'après les renseignements publiés par les journaux, ceux donnés par les guichetiers et par des témoins oculaires, le nombre des personnes massacrées dans les prisons, y compris les Suisses et les prêtres, fut :

A l'Abbaye, de	1,584
A la Conciergerie.	2,214
A la Force.	1,386
A Bicêtre.	1,760
Au grand Châtelet.	1,258
Au Cloître-des-Bernardins.	82
Aux Carmes de Vaugirard.	1,168
A Saint-Firmin.	1,145
A la Salpêtrière.	2,198
A Versailles.	52
TOTAL. . . .	12,847

FIN

TABLE

BIBLIOTHEQUE DE LA FAMILLE

1 franc la Livraison chez tous les Libraires.

OUVRAGES PUBLIÉS :

1. **Soliloques nocturnes.** Un vol., par M. l'abbé Orse. (Deux gravures.)
2. **Pluralité des mondes.** Un vol., par Fontenelle et M. l'abbé Orse.
3. **Souvenirs curieux des Missions.** Un vol. (Quatre gravures.)
4. **L'Histoire du Protestantisme**, présentée aux hommes de bonne foi qui cherchent la vérité, par M. l'abbé Orse. (Une gravure.) 1re PARTIE. *Allemagne et Suisse.*
5. **Deux Croisades au moyen âge**, par Alfred des Essarts et l'abbé Orse.
6. **Les Travers de l'Humanité.** Un vol., par M. l'abbé Orse.
7. **L'Histoire du Protestantisme.** 2e PARTIE. *France et Angleterre.*
8. **Les visites pastorales d'un Archevêque de Paris.** Un vol., par M. Danielo.
9. **Calvaire et Thabor.** Un vol., par M. l'abbé Nicolas de Cagnes.
10. **Massacres de l'Abbaye.** Un vol., publié par M. l'abbé Orse.
11. **La Sœur des Anges**, ou **l'Ange et l'Homme.** Un vol.
12. **Le Kabyle**, ou **l'Influence des vertus chrétiennes**, par M. Buron.
13. **Saint Vincent de Paul**, et **le Vénérable de La Salle.** Un vol.
14. **La Gerbe.** Un vol., par Alfred des Essarts. (Deux gravures.)
15, 16. **Thomas Morus.** Deux vol., par madame la princesse de Craon.
17. **Rosa Danielo**, ou **Les Sarrasins en Provence.** Un vol., par M. l'abbé Orse. (Six gravures.) 3e édition, augmentée.
18, 19. **Mémoires du chevalier de Fontis.** Deux vol., par M. l'abbé Orse
20. **Récits historiques.** Un vol., par Alfred des Essarts. (Une gravure.)
21. **Courte démonstration pour affermir la foi.** Un vol.
22, 23. **Voyage en Afrique chez les Cafres et les Hottentots.** 2 vol.
24. **Louis XVI et madame Élisabeth.** Un vol.
25. **Histoire de Marie-Antoinette, reine de France.** Un vol.
26. **Légendes célestes.** Un vol., par Alfred des Essarts.
27. **Manifestation de la Providence dans la nature.** Un vol.
28. **Alger pendant cent ans, et la rédemption des captifs.** Un vol.
29, 30. **Mémoires du maréchal de Bassompierre**, édition nouvelle, revue et corrigée, 2 vol.
31. **Dix Peintres célèbres**, par Alfred des Essarts. Un vol.
32. **Vie de saint Augustin**, évêque d'Hippone, par l'abbé Orse. Un vol.
33. **Soirées d'une mère**, par Mme Lebassu d'Elf. Un vol.
34. **Peintres célèbres** (deuxième série), par Alfred des Essarts.
35. **Lectures d'hiver**, par Alfred des Essarts.
36. **Épisodes de la Révolution française dans Paris** (1792-179
37. **Le Chemin du ciel**, par le cardinal Bona. Un vol.
38. **Nouvelles Soirées d'une Mère**, par madame de Gaulle.
39. **Prascovie et la Sœur du lépreux**, par X. de Maistre; suivies de **Sainte Roseline de Villeneuve**, et de **Noël**, par l'abbé Orse.
40. **Vie de Paul-Jean Granger**, de la Compagnie de Jésus, mort à vingt-six ans, au Collége de Brugelette; par le R. P. J. Dufour (d'ASTAFORT), de la même Compagnie.

HYPATHIA, ou le Triomphe de la foi, par M. Clément DROUAULT. Un beau vol. in-8°. — Prix : 3 fr. 50.

LE CHEMIN DU CIEL, ou Règlement de vie pour les personnes du monde, par l'abbé ORSE. Petit in-18. Prix : 40 cent.

LES VÉRITES DE LA RELIGION, par l'abbé ORSE in-18. Prix : 80 cent.

PARIS. — IMP. JULES LE CLERE ET Cie, RUE CASSETTE, 29.

www.ingramcontent.com/pod-product-compliance
Ingram Content Group UK Ltd.
Pitfield, Milton Keynes, MK11 3LW, UK
UKHW020951230726
13923UKWH00007B/247